깜짝 선물 만들기

깜짝 선물 만들기

엮은이 넥서스 실용팀
펴낸이 안용백
펴낸곳 넥서스BOOKS

2판 1쇄 인쇄 2007년 12월 1일
2판 1쇄 발행 2007년 12월 5일

출판신고 2001년 6월 28일 제311-2002-000003호
121-840 서울시 마포구 서교동 394-2
Tel (02)330-5500 Fax (02)330-5555

ISBN 978-89-5797-308-0 13630

가격은 뒤표지에 있습니다.

www.nexusbook.com

마음을 담아 더욱 예쁜

깜짝 선물 만들기

넥서스 실용팀 엮음

넥서스BOOKS

기쁨과 설렘을 담은 핸드메이드 선물

무언가를 직접 만들어 선물한다는 것, 굉장히 가슴 설레는 일입니다. 한 땀 한 땀 정성껏 꿰매고 자르고 붙이는 동안 선물 받는 이가 얼마나 기뻐할지, 선물이 그 사람에게 잘 어울릴지 오로지 그 생각만 합니다. 간혹 바늘에 찔리기도 하고 칼에 베일 수도 있지만 그런 아픔쯤이야 설렘과 부푼 기대에 비하면 아무것도 아닙니다.

솔직히 직접 만든 선물들은 기성품에 비하면 좀 어설프게 보일 수도 있고 모양이 똑 떨어지지 않아서 비뚤비뚤할 수도 있습니다. 하지만 만든 정성에 비할까요? 어떤 선물을 만들어서 줄까? 어떤 재료로 만들까? 어떻게 만들까? 이런 고민을 하는 동안 선물 받는 이를 더 많이 생각하고 사랑하며 감사하게 된답니다. 그래서 더욱 정성껏 사랑을 담아 만들게 됩니다.

요즘은 참으로 편한 세상입니다. 그래서 시간과 공을 들여 정성껏 선물을 만든다는 것이 괜한 일처럼 느껴질 수도 있습니다. 쇼핑몰이나 백화점에서 비싼 명품 브랜드의 선물을 살 수도 있습니다. 그렇지만 한 번만 마음 단단히 먹고 직접 만들어 선물해보세요. 받는 이의 기쁨도 더할 나위 없지만 만든 이의 뿌듯함과 기쁨은 그 어떤 것과도 비할 수가 없답니다. 분명 확인해보세요, 선물을 만들기 전보다 사

랑이나 우정 혹은 감사의 마음이 훨씬 커졌을 거예요. 선물을 만든 이가 이 정도인데 정성 가득한 선물을 받은 이는 더할 나위 없겠죠. 한번 만들어 선물하면 DIY 바이러스에 감염이라도 된 것처럼 자꾸자꾸 만들어서 선물하게 된답니다.

'어떤 선물을 할까?' 정말 큰 고민이 아닐 수 없습니다. 직접 만들어 선물하든 적당한 선물을 사서 선물하든 간에, 선물을 고르는 것은 여간 신경이 쓰이는 게 아닙니다. 그래서 이 책에서는 경우와 대상에 따라 어떤 선물을 하면 좋을지, 그 고민을 단번에 해결할 수 있도록 받아서 기분 좋은 아이템을 소개하고 있습니다. 연인과 만난 지 100일째 되는 날을 위해 준비하는 선물과 스승의날 선생님께 드리는 선물은 다를 테니까요. 그러나 연인이든 친구든 부모님께 드리든 모든 선물에는 주는 이의 센스와 정성이 돋보일 수 있는 실용 아이템만을 골라 뽑았습니다. 받는 이의 얼굴을 떠올리며 선물을 만들다 보면 만드는 시간 내내 행복함이 가득할 것입니다.

넥서스 실용팀

Contents

PART 1 >> to my lover

세상에 단 하나뿐인 열정적인 사랑의 선물 DIY

PART 2 >> to just-married couple

보기만 해도 행복이 묻어나는 로맨틱 선물 DIY

PART 3 >>
to my friends
우정이 더욱 돈독해지는 깜찍 발랄 선물 DIY

PART 4 >>
to my parents & teacher
고마운 마음을 전하는 감사의 선물 DIY

PART 1 >>

to my lover

세상에 단 하나뿐인 열정적인 사랑의 선물 DIY

사랑하는 사람을 더욱 특별하게 만들어주는 선물 아이템을 모았다. 큰돈 들이지 않고 거창하지는 않아도 사랑스러운 마음과 정성을 꽁꽁 담았기에 그 가치를 따질 수 없는 세상에 단 하나뿐인 선물. 무슨무슨 기념일이나 생일날에 주는 선물도 기쁘지만 뜻하지 않은 날, 상대방이 힘들어할 때 주는 응원의 선물은 두 사람의 사이를 더욱 깊고 단단하게 만든다.

001

싸우지 말고 동글동글 행복하라고 * 동글이 휴대폰액세서리

휴대폰액세서리는 연인이나 친구 선물로 가장 많이 주고받는 아이템이다. 항상 휴대하고 다니기에 사랑 혹은 우정의 증표로 손색이 없기 때문. 보송보송하고 따뜻한 감촉의 양모펠트로 휴대폰액세서리를 만들어보자. 동글동글한 원 안에 사랑의 심벌인 하트가 자리 잡아 자신의 연인은 물론 다른 커플에게 주는 선물로도 안성맞춤. 양모펠트를 동글동글 말아 펠트용 바늘로 몇 번 찌르다 보면 완성되므로 누구나 쉽고 재미있게 만들 수 있다. 연인끼리 같이 하고 다니면 사랑이 퐁퐁 샘솟을 것만 같다.

>> 준비하기

분홍색 계열 양모(s-022) 3~4g, 바이올렛 계열 양모(s-026) 1g, 하늘색 계열 양모(s-010) 3~4g, 흰색 양모(s-035) 1g, 1구바늘, 5구바늘, 작업스펀지, 휴대폰고리

>> 만들기

1 길게 뭉쳐 있는 s-022 양모를 얇게 뜯어서 계단식으로 쌓아놓는다. 계단식이란 양모를 10~15cm 길이로 얇게 뜯은 다음, 쌓을 때는 두 번째로 쌓아올린 양모가 첫 번째 양모보다 2cm 정도 뒤쪽에 오도록 올려놓으라는 의미다.

2 층층이 쌓아놓은 양모를 뒤에서부터 돌돌 말아 동그란 모양이 되도록 뭉친다.

3 폭신폭신한 양모를 단단하게 만들어줄 차례. 뭉친 양모를 작업스펀지 위에 올려놓고 1구바늘로 콕콕 찌르면서 둥글게 형태를 잡아준 다음, 5구바늘로 찔러 둥근 형태를 단단하게 만들어준다. 양모를 360도 돌려가면서 골고루 찔러야 단단하고 동그란 원이 만들어진다.

4 계속해서 바늘로 콕콕 찔러 양모 지름이 4cm 정도 되도록 만든다.

5 이제 하트를 만들어보자. s-026 양모를 약간 뜯어서 4번에서

1

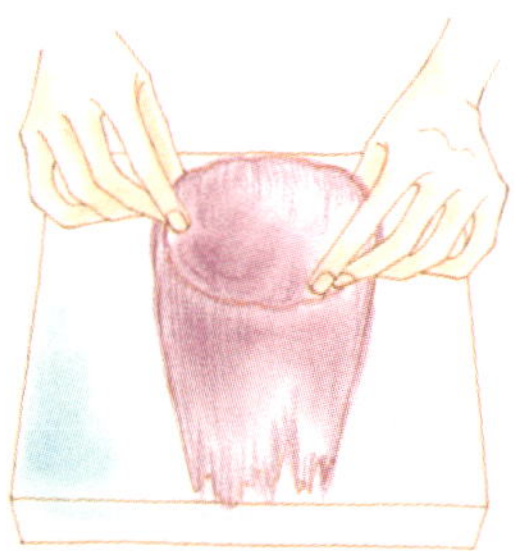

2

만든 동그란 양모 위에 올려놓은 다음, 하트 모양이 되도록 1구바늘로 테두리부터 찌른다.

6 하트 중심 부분은 5구바늘로 찌른다.

7 하트 모양을 예쁘게 만들기 위해 테두리와 하트의 가운데 부분을 5구바늘과 1구바늘로 번갈아가며 콕콕 찌르면서 수정한다.

8 동그라미 전체를 5구바늘로 찔러서 하트 모양이 예쁘게 만들어지면 마무리한다.

9 하늘색과 흰색 양모도 같은 방법으로 만든다.

3

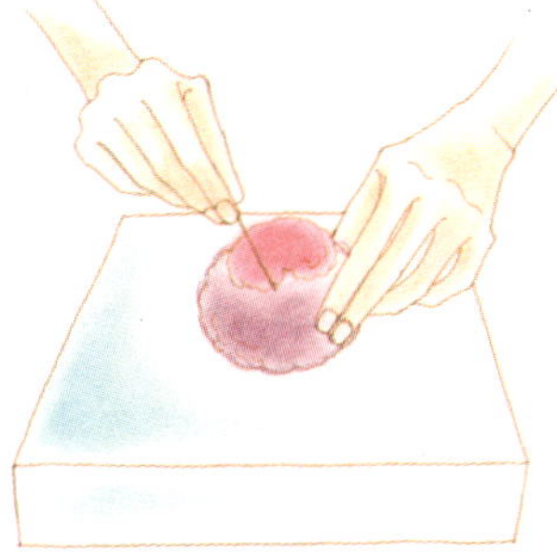

5

DIY Point

- 5구바늘이란 바늘 5개가 뭉쳐 있는 바늘이다. 양모를 바늘로 콕콕 찌를 때는 바늘을 수직으로 세워서 사용해야 바늘이 부러지지 않는다.
- 바늘을 딱딱한 바닥에 놓고 사용하면 바늘이 부러질 위험이 있으므로 스펀지처럼 폭신폭신한 완충재 위에 놓고 작업한다.
- 바늘을 찌를 때는 한 곳을 집중적으로 찌르지 말고 360도 돌려가면서 골고루 찔러야 동그란 원이 만들어진다.
- 동글이 휴대폰액세서리를 만들고 나면 펭귄, 병아리 등 다양한 모양을 만들 수 있다.

여기서 구입해요

동대문 종합시장 5층에 가면 펠트 관련 재료와 완제품을 구입할 수 있다. 상점마다 취급하는 재료와 완제품이 다양하므로 여러 곳을 꼼꼼히 둘러보자. 모자, 가방, 인형, 유아 관련 용품 등 재미있고 실용적인 아이템들을 만들 수 있다. 그 중 펠트 전문매장인 펠트하우스www.feltdesign.co.kr에서는 동글이 휴대폰액세서리를 만들 수 있는 재료와 완제품을 판매한다. 동대문역 9번 출구. 오전 9시 30분부터 오후 6시까지. 일요일 휴무.

우리 사랑 초콜릿처럼 * 달콤쌉싸름한 트뤼프초콜릿

100퍼센트 다크초콜릿과 부드러운 크림이 환상적으로 어우러진 트뤼프초콜릿은 고급스러운 맛과 울퉁불퉁 귀여운 모양이 장점. 발렌타인데이나 크리스마스처럼 특별한 날에 직접 만들어 선물하기에 좋다. 초콜릿 안에는 사랑을 더욱 뜨겁게 만드는 페르에칠아민이라는 화학물질이 들어있다고. 처음 만났을 때의 설렘을 담아 트뤼프초콜릿을 만들어 선물해보자. 세상 그 어떤 것보다 소중한 사랑이 듬뿍 담겨있는 둘만의 초콜릿을…….

>> 준비하기

생크림 100g, 다크초콜릿 160g, 버터 20g, 코팅초콜릿 1컵, 코코아가루, 짤주머니, 체, 고무주걱, 철판, 비닐, 냄비, 온도계

>> 만들기

1 60도 정도의 물에 코팅초콜릿을 중탕해서 준비해둔다.
2 냄비에 생크림을 넣고 한 번 끓어오를 때까지 끓인다.
3 다크초콜릿을 잘게 다져 끓여놓은 생크림에 넣은 다음, 알갱이가 보이지 않을 때까지 잘 젓는다. 온도가 30~35도가 되면 버터를 넣어 섞고 나서 식힌다.
4 식으면 짤주머니에 넣고 철판 위에 비닐을 깔아 둥글게 짠다. 어느 정도 굳으면 손으로 둥글게 만들어서 냉장고에 넣는다.
5 완전히 굳은 초콜릿을 꺼내 미리 준비해둔 코팅초콜릿을 듬뿍 묻힌다. 이때 코팅초콜릿 온도는 31~32도가 적당하다.
6 코팅초콜릿을 묻힌 초콜릿을 코코아가루에 굴린 뒤, 상온에서 굳힌다.

DIY Point

- 코팅초콜릿이란 케이크나 쿠키에 초콜릿을 씌울 때 사용하는 초콜릿으로 케이크, 쿠키 등을 장식하거나 글씨를 쓸 때 사용한다.
- 짤주머니란 생크림이나 쿠키반죽, 녹인 초콜릿, 으깬 감자, 와사비, 마요네즈 등을 넣고 짤 수 있는 주머니를 말한다.
- 철판이 없다면 쟁반에 랩을 깐 다음 사용해도 된다.
- 코팅초콜릿을 묻힌 다음 코코아가루 대신 녹차가루나 슈거파우더를 묻혀도 특별한 맛의 초콜릿이 된다.

여기서 구입해요

방산시장에서는 제과제빵에 관한 도구, 재료, 포장지, 리본 등을 한꺼번에 판매한다. 종로 5가역 7번 출구, 을지로 4가역 6번 출구. 오전 8시부터 오후 6시까지. 일요일 휴무. 제과제빵 사이트에서는 초콜릿을 만들 수 있는 재료와 도구, DIY 키트를 한꺼번에 살 수 있다. 쪼코www.zzoko.com, 까자닷컴www.kkaja.com, CHOCO DIYwww.chocodiy.co.kr.

003

사랑해

콩닥콩닥 가슴 뛰는 사랑 고백 * 사랑해 도로시인형

『오즈의 마법사』에 나오는 도로시처럼 귀엽고 사랑스러워 붙인 이름. 장난꾸러기처럼 귀여운 미소를 머금은 도로시가 '사랑해' 라고 살짝 고백이라도 하는 듯 양볼은 어느새 발갛게 물들어 있다. 머리부터 발끝까지 귀엽고 사랑스러운 모습에 '나도 사랑해' 라는 남자친구의 대답이 바로 돌아올 것만 같다. 내 생각 많이 하라고, 틈틈이 전화하라고 하는 백 마디 말보다 빨간색 쿠션 안에 '사랑해', '전화해' 라는 깜찍한 메시지를 담아 선물하면 어떨까.

>> 준비하기

광목 1/4마, 핑크 계열 원단(원피스용) 1/4마, 스트라이프 원단(파자마용) 1/4마, 1cm 폭의 레이스(원피스용) 16cm, 1.5cm 폭의 레이스(파자마용) 53cm, 갈색 털실, 리본, 피그마펜, 오렌지 계열의 아이섀도 또는 립스틱, 빨간색 부직포 23cm×14cm, 아크릴물감(검정색, 흰색, 빨간색), 연필, 십자수실(빨간색, 노란색, 갈색), 면봉, 가위, 바늘, 글루건

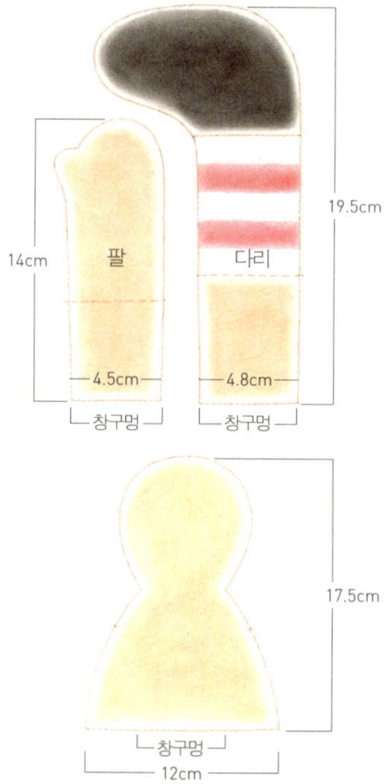

1

>> 만들기

1 광목을 반으로 접은 다음 몸통과 팔, 다리 패턴을 올려놓고 0.7cm 시접을 두고 그려 오려낸다(팔과 다리는 두 개씩).

2 패턴의 선을 따라 창구멍을 남기고 홈질한다.

3 움푹 패인 곡선 쪽에는 가위집을 넣고 창구멍으로 뒤집는다.

4 오려낸 몸통과 팔, 다리를 홍차로 염색한다.

5 염색한 원단이 다 마르면 창구멍으로 솜을 채운 다음 공그르기로 창구멍을 마감한다.

6 몸통과 팔, 다리를 바느질로 연결하면 인형의 몸이 완성된다.

7 다리는 1번 그림을 참조해서 물감으로 칠한다.

8 핑크 계열 원단을 접어 원피스 패턴을 올려놓고, 원피스를 좌우대칭으로 그린 뒤, 0.7cm 시접을 감안하여 오린다.

9 소매 밑단과 원피스 옆선(8번 그림 ⓐ부분)을 홈질한다. 움푹

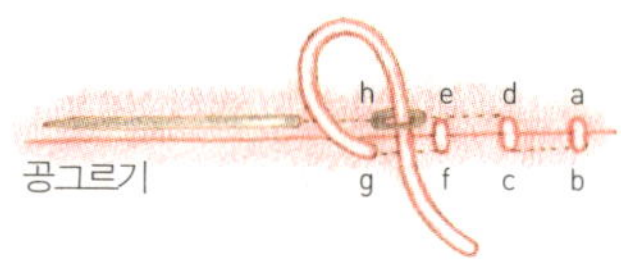

5

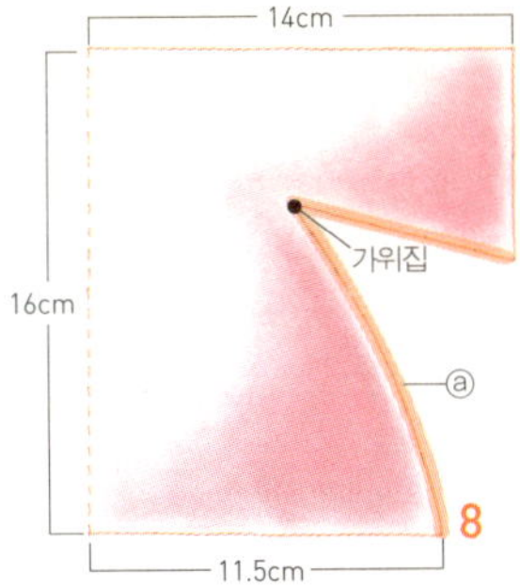

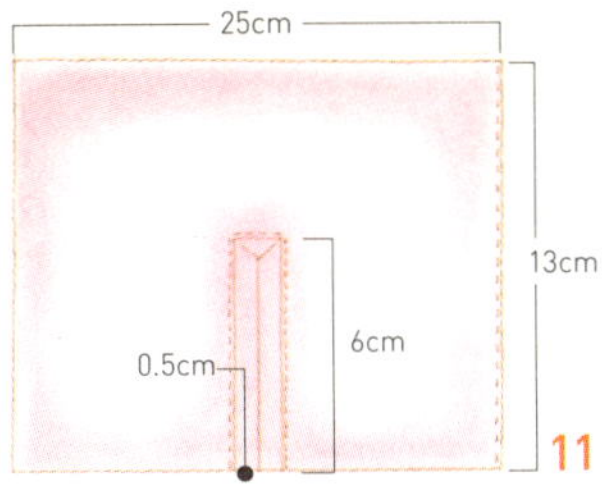

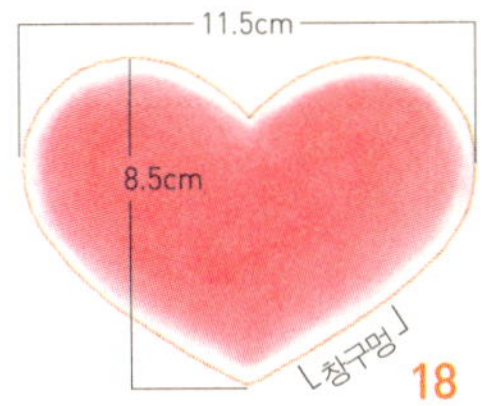

들어간 곡선 부위에는 가위집을 내고 뒤집는다.

10 소맷부리와 원피스 밑단을 2번 접어서 홈질로 마무리한다.

11 파자마용 원단 위에 속바지 패턴을 올려놓는다. 0.7cm 시접을 두고 2장을 오려낸 다음, 바지 양 옆선과 Y자 주위를 점선을 따라 바느질한다.

12 Y로 표시된 선을 자르고 뒤집어 바지 밑단 시접을 접은 다음 레이스를 단다. 허리 시접은 접어서 성글게 홈질하고 바지가 흘러내리지 않도록 군데군데 주름을 잡는다.

13 완성된 바디에 파자마와 원피스를 입혀준 다음 목 부분에는 홈질로 레이스를 단다.

14 연필로 얼굴 표정을 스케치하고 코는 빨간색 펜으로, 눈과 입은 피그마펜으로, 눈동자는 흰색 물감으로 찍는다.

15 아이섀도나 립스틱을 면봉에 묻혀 부드럽게 볼에 펴 바른다.

16 갈색 털실을 9~14cm 정도로 잘라 정리해서 글루건으로 고정시킨 다음, 리본을 묶어 머리에 붙인다.

17 빨간색 부직포에 하트 패턴을 올려놓는다. 0.7cm 시접을 두고 오린 다음 창구멍을 남기고 홈질한다.

18 창구멍으로 뒤집어 솜을 넣고 공그르기로 마감한다.

19 하트 앞면에 넣고 싶은 문구를 수놓는다.

20 완성된 인형의 팔과 하트 쿠션을 홈질로 연결한다.

DIY Point

- 피그마펜이란 인형의 얼굴 눈, 코, 입을 그리는 데 쓰이는 펜으로, 지워지거나 번지지 않는다.
- 가위집은 모서리나 곡선 부분을 매끄럽고 자연스럽게 연출하기 위해 시접 부분을 살짝 세로로 잘라내는 것이다. 가위집을 넣어야 뒤집었을 때 쭈글쭈글하지 않고 모양이 예쁘다.
- 홍차 염색은 인형 몸체에 붉은 기가 돌도록 하기 위한 염색이다. 우선 끓는 물에 홍차티백 3~4개와 소금 1티스푼을 넣고 진한 홍차물을 만든다. 그런 다음 염색할 원단을 담그고 약한 불에서 20~30분간 끓인다. 물기를 제거한 후 말리면 완성.
- 팔과 다리에 솜을 채울 때는 몸통과 손발이 맞닿는 부분에는 솜을 덜 넣어야 바디와 연결하기가 쉽다.

여기서 구입해요

퀼트 원단은 로지퀼트www.rosyquilt.co.kr, 퀼트나라www.quiltnara.com, 셀프퀼트www.selfquilt.com, 러브퀼트www.lovequilt.com, 엔조이퀼트www.enjoyquilt.co.kr 등에서 판매한다. 부직포와 피그마펜은 화방이나 대형 문구점에서 구입. 재료 구입이 번거롭게 느껴지면 컨츄리크래프트www.countrycraft.co.kr에 가보자. 그곳에서는 도로시인형을 만들 수 있는 DIY 패키지를 판매한다.

1988
N BOUTEILLE
MILK

MILK

올겨울 가볍고 따뜻하라고 * 보송보송 펠트슬리퍼

펠트는 잘 구겨지지 않고 질감이 독특하여 패션 소품을 만드는 데 다양하게 활용된다. 또한 모던하고 간결한 느낌을 주고 따스함이 배어 있어 어디에나 잘 어울린다. 일반 패브릭과는 달리 올이 풀리지 않아 깨끗하고 고급스러운 멋을 연출하기도 좋다. 현관 앞에 가지런히 놓여 있으면 주위 공간까지 따뜻하게 물들이는 보송보송한 펠트슬리퍼를 만들어보자. 하나는 핑크톤으로, 다른 하나는 블루톤으로 만들면 멋진 커플 슬리퍼 완성! 발을 따뜻하게 보호해줄 뿐만 아니라 움직이기도 가벼워 저절로 콧노래가 흘러나올 것 같다.

>> **준비하기**

여성용 슬리퍼 | 멜란지분홍색 펠트지(c-88) 60cm×45cm, 보라색 펠트지(125) 15cm×15cm, 분홍색 펠트지(101) 15cm×15cm, 진분홍색 펠트지(103) 15cm×15cm, 십자수실, 바늘, 가위

남성용 슬리퍼 | 멜란지파란색 펠트지(c-84) 70cm×45cm, 진분홍색 펠트지(103) 15cm×15cm, 분홍색 펠트지(101) 15cm×15cm, 보라색 펠트지(125) 15cm×15cm, 하늘색 펠트지(156) 15cm×15cm, 십자수실, 바늘, 가위

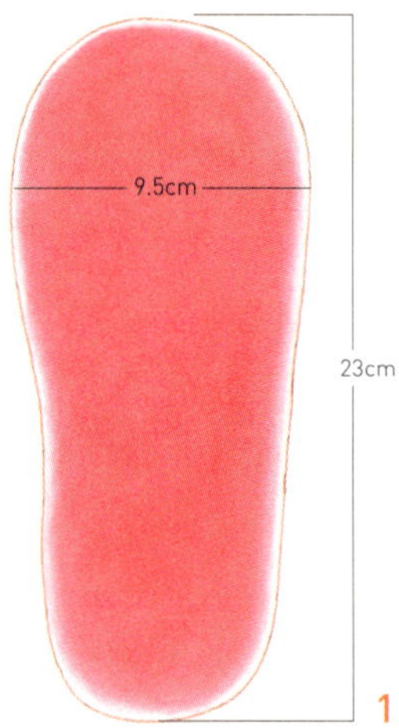

1

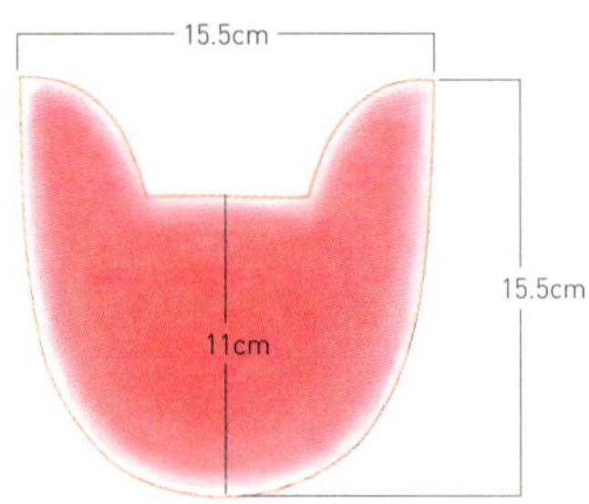

>> **만들기**

1 길이 230mm 여성용 슬리퍼를 만들어보자. 펠트 원단을 패턴대로 자른다. 펠트지는 올이 풀리지 않아 시접이 필요없다. 남성용 슬리퍼는 크기에 따라 조절해서 패턴을 그리면 된다.

2 슬리퍼 위에 올려놓는 하트를 먼저 만든다. 우선 적당한 크기의 하트를 여러 개 오린다. 하트를 만들 때는 제일 밑에 있는 하트는 감침질하고 그 위에 올리는 하트는 버튼홀스티치하여 씨앗수로 하트끼리 연결한다. 하트가 3개인 것은 보라색(125), 분홍색(101), 진분홍색(103) 순서로 올리고, 하트가

2개인 것은 분홍색(101), 진분홍색(103) 순서로 올린다. 십자수실은 보라색 하트는 진분홍색 실로, 분홍색 하트는 분홍색 실로, 진분홍색 하트는 하늘색 실로 바느질한다.

3 슬리퍼 윗면 안쪽을 진분홍색 실로 버튼홀스티치한다.

4 완성된 슬리퍼 윗면을 슬리퍼 바닥에 고정시키고 진분홍색 실을 4겹으로 하여 테두리를 버튼홀스티치한다.

2

DIY Point

- 남성용 슬리퍼는 하트가 3개인 것은 진분홍색(103), 분홍색(101), 하늘색(156) 순서로 올리고, 하트가 2개인 것은 분홍색(101), 보라색(125) 순서로 올린다. 슬리퍼 윗면과 바닥을 연결할 때는 하늘색 실로 버튼홀스티치한다.
- 감침질을 할 때는 실을 너무 팽팽하게 당기지 않도록 하고 바탕 원단을 뜰 때는 실밥이 겉에서 보이지 않도록 주의한다(그림 1).
- 버튼홀스티치는 바늘을 앞에서 뒤로 직각으로 꽂은 다음 실 고리 안을 바늘이 통과하도록 빼는 바느질법으로, 앞에서 직각으로 들어가기를 반복한다. 주로 외곽선을 처리할 때 사용한다(그림 2).
- 씨앗수는 밑에서 위로 바늘을 빼고 바늘에 실을 2~3회 감아서 바늘이 올라온 바로 옆으로 다시 내려가는 바느질법이다(그림 3).

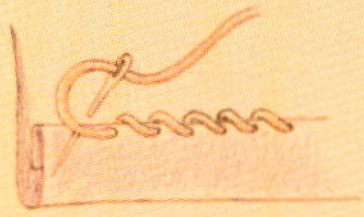

1

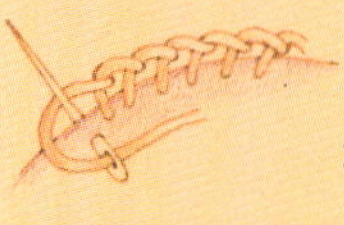

2

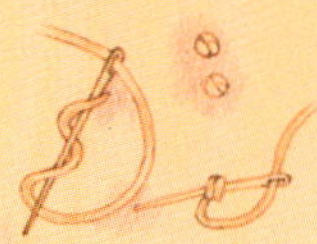

3

여기서 구입해요

동대문 종합시장 5층에 가면 다양한 종류의 펠트 전문점과 만나게 된다. 그 중 펠트하우스www.feltdesign.co.kr는 양모펠트를 비롯한 다양한 펠트지를 취급하고 있으며, 보송보송한 펠트슬리퍼를 만들 수 있는 모든 재료와 완제품을 판매한다. 동대문역 9번 출구. 오전 9시 30분부터 오후 6시까지. 일요일 휴무. 온라인 쇼핑몰에서도 펠트 재료를 살 수 있다. 체리펠트www.cherryfelt.com, 펠트나라www.feltnara.co.kr, 줄리의 구멍가게www.jullyshop.com, 모노모모www.themogi.com 등이 있는데 이 사이트들에는 유아 관련 펠트 상품이 많다.

005

양말 속에 꽁꽁 숨긴 특별한 소망 * 크리스마스 양말

어린 시절의 설렘과 기대를 안고 큼지막한 크리스마스 양말을 만들어보자. 산타클로스가 된 것처럼 연령과 성별 등에 따라 시계, 장갑, 초콜릿, 사탕 등 아기자기한 물건을 함께 담으면 풍성하고 재미있는 선물이 된다. 크리스마스 양말은 디자인이 예쁘고 느낌이 따뜻해서 인테리어 소품으로도 활용 가치가 높다. 손바느질 느낌이 살아 있는 스티치 선은 핸드메이드 느낌을 줄 뿐만 아니라 아기자기하고 따뜻한 느낌을 더해준다. 크리스마스처럼 넉넉한 마음과 사랑을 담아 만들어보자.

>> 준비하기

하늘색 융 1/2마, 흰색 융(눈사람용) 1/8마, 무늬 원단(안감용) 1/2마, 체크무늬 융(목도리용) 1/8마, 펠트지(노란색, 갈색, 연두색, 검정색) 약간, 퀼팅솜 1/2마, 십자수실(검정색, 노란색, 연두색, 흰색, 갈색), 바늘, 수성펜, 가위

>> 만들기

1 하늘색 융에 양말 패턴을 올려놓는다. 시접을 1cm 두고 그린 다음 2장을 오려낸다. 무늬 원단도 같은 크기로 2장 오린다.

2 흰색 융에 시접 없이 눈사람을 재단한 다음 하늘색 융에 버튼홀스티치로 연결한다.

3 체크무늬 원단에 목도리 패턴을 올려놓는다. 0.7cm 시접을 두고 그린 다음 오려내어 눈사람의 목 부분에 공그르기로 연결한다.

4 펠트지에 시접 없이 트리와 별을 그려 오려낸 다음, 하늘색 융에 홈질로 연결한다. 이때 색실은 펠트지와 어울리는 색으로 고르면 된다.

5 그림에 적혀 있는 문구와 눈사람 표정을 참조하여 수성펜으로 스케치한다. 그러고 나서 검정색 실로 수를 놓고 흰색 실로는 하늘색 융에 눈 모양을 수놓는다.

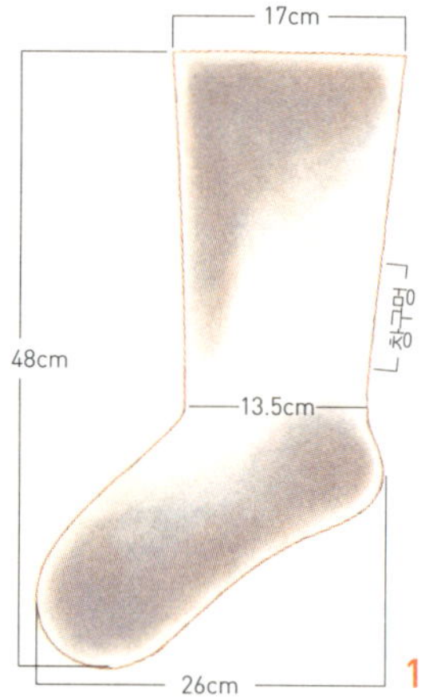

1

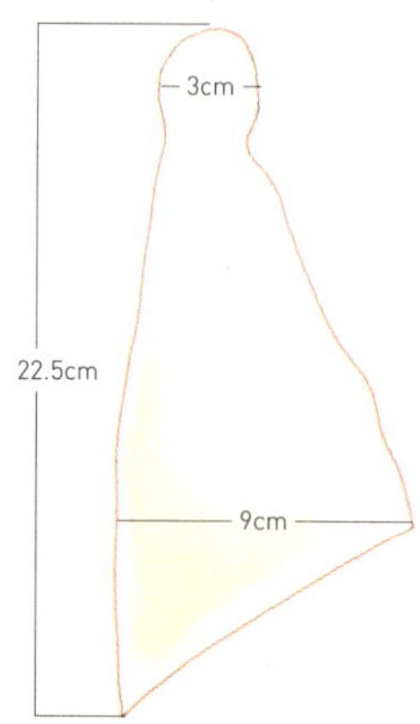

2

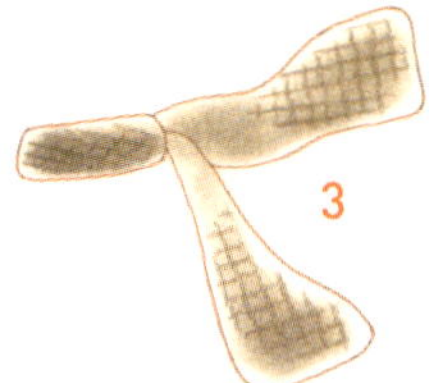

3

6 눈사람 몸에는 검정색 펠트지를 동그랗게 오려 장식하고 검정색 실로 눈사람 눈과 팔을 만든다.

7 노란색 실로 눈사람 코를 메우면 앞면 완성.

8 바느질한 하늘색 융 뒤에 퀼팅솜을 대고 하늘색 융 겉과 무늬 원단의 겉을 마주보게 놓은 뒤 창구멍을 남기고 홈질한다.

9 솜은 0.2cm 정도 남기고 잘라낸다. 하늘색 융과 무늬 원단의 곡선 부위에 가위집을 낸다.

10 창구멍으로 뒤집고 나서 공그르기로 마감한다.

11 뒷면도 앞면과 같은 방법으로 8~10번을 반복한다.

12 앞면과 뒷면을 무늬 원단끼리 마주보도록 대고 양말의 윗부분만 남긴 채 공그르기로 연결한다.

13 양말 입구는 버튼홀스티치로 바느질하여 마무리한다.

4

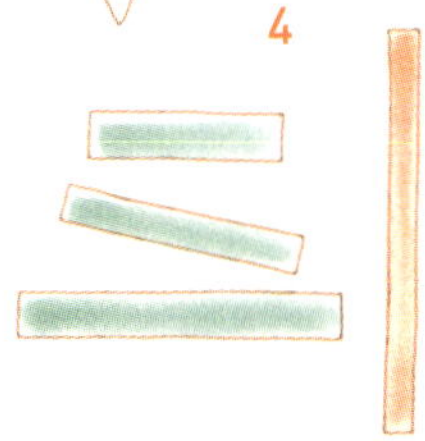

5

DIY Point

• 융 종류에 따라 올이 풀리지 않는 원단이 있고 올이 풀리는 원단이 있다. 눈사람을 만드는 흰색 융처럼 올이 풀리지 않는 융은 시접 없이 오려도 올이 풀리지 않지만 체크무늬 목도리 원단처럼 올이 풀리는 원단은 시접을 주고 오려야 한다.

여기서 구입해요

동대문 종합시장 2층과 3층에 가면 퀼트 원단을 살 수 있으며 온라인 쇼핑몰 천싸요www.1004yo.com나 천이지닷컴 www.1000eg.com에서는 다양한 융 원단을 판매하고 있다. 펠트지는 화방이나 대형 문구점에서도 구입 가능. 원단을 사러 동대문 종합시장에 갔다면 5층에 들러 퀼트 관련 부재료를 사올 수도 있다. 핸드메이드 아이템은 만드는 것도 수고스럽지만 이것저것 재료를 구입하기가 번거롭게 느껴져서 미리 포기하기도 한다. 가지고 있는 원단이나 부재료가 전혀 없다면 패키지 상품을 활용하는 것도 실속 있다. 정성은 정성대로 녹아 있지만 시간이 절약되기 때문. 컨츄리크래프트www.countrycraft.co.kr에서는 크리스마스 양말을 만들 수 있는 DIY 패키지를 판매하고 있다.

이국적이면서도 소박한 멋스러움 * 빈티지풍 커플두건

두건은 소박하면서도 은근히 튀는 멋이 있어 나만의 개성을 살리고 싶은 이들이라면 탐낼 만하다. 만들기도 쉽고 경제적일 뿐만 아니라 다른 스타일의 원단을 덧대어 양면 두건을 만들면 옷차림이나 기분에 따라 그때그때 골라 하는 센스를 발휘할 수도 있다. 두건은 인라인 스케이트를 탈 때 헬멧 안에 쓰기도 하고 야구모자 안에도 써서 멋을 내는 등 두루두루 쓰임이 많다. 빈티지 스타일의 두건으로 발랄함을 톡톡 뿜어보자.

>> 준비하기

체크무늬 원단 1마, 무늬 원단 1마, 각종 조각 천 약간, 실, 바늘, 가위

>> 만들기

1 체크무늬 원단과 무늬 원단을 60×60cm 정사각형으로 재단한다. 원단을 자를 때 살짝 가위집을 넣고 손으로 찢으면 멋스럽게 올이 풀린다.

2 정사각형 원단을 대각선으로 잘라 정삼각형 원단 2장씩을 만든다. 삼각형 중앙에서 살짝 빗겨간 아래쪽에 이니셜을 수놓으면 더 귀엽다.

3 여성용 두건에는 무늬 있는 원단 위에 귀여운 조각 천들을 덧대어 홈질한다. 체크무늬 원단과 무늬 원단을 겉이 마주보도록 하여 시접 0.5cm 안쪽으로 박음질한다.

4 뒤집어서 바느질한 부분을 한 번 더 바느질한다. 이때는 홈질로 듬성듬성 꿰매고, 비즈나 단추로 장식한다.

DIY Point

- 색깔이나 무늬에 약간 변화를 두고 만들면 더 센스 있다.
- 체크무늬 원단의 올을 살짝 풀리게 하면 빈티지 스타일을 연출할 수 있다.
- 두건을 쓰는 방법은 얼굴형과 취향에 따라 다르지만 앞머리가 살짝 두건 밑으로 보이게 쓰면 더 예쁘다. 여성스럽고 차분한 스타일을 원한다면 두건을 머리 밑으로 묶고, 발랄하게 보이고 싶다면 귀를 드러내놓고 머리 중간 지점에 매듭을 묶어준다. 머리를 묶듯이 두건을 모아서 묶으면 스포티해 보인다.

여기서 구입해요

두건용 원단을 판매하는 쇼핑몰에는 ebulwww.ebul.co.kr, MODERN1000www.modern1000.com, 싸다천www.ssada1000.com, 하이천닷컴www.hicheon.com, 천바다www.1000bada.com 등이 있다. 빈티지풍의 커플 두건 완제품을 구입하고 싶다면 도로시샵 www.dorocshop.com에 들러보자. 스윗스윗몰www.sweetsweetmall.co.kr에서는 예쁜 두건을 직수입하여 판매한다.

007

은은한 향기로 공간을 디자인하는 * 고양이 포푸리

고양이 포푸리

향기 좋은 허브나 스파이스를 섞어 만든 향의 혼합을 '포푸리'라고 한다. 오래 전부터 유럽에서는 실내를 향기로 가득 채우고 싶을 때 접시에 포푸리를 담아 은은한 향을 즐겼다. 고양이 포푸리는 만들기가 쉽고 비용 부담이 적어 경제적인 아이템이다. 귀여운 고양이가 하트 주머니에 담겨 있어 그 자체로도 멋진 선물이 되지만, 로즈마리, 라벤더, 허브, 카렌듀라, 캐모마일 꽃잎 등을 이용해서 허브 포푸리를 만들면 받는 이의 건강까지 챙기는 마음 착한 선물이 된다. 허브는 스트레스나 불면증, 두통 등을 완화시키고 기억력을 좋게 해준다.

>> 준비하기

광목 원단 1/8마, 마사 원단 1/8마, 체크무늬 리본 2가지, 마사끈 40cm, 피그마펜(검정색, 갈색), 오렌지 계열의 아이섀도 또는 립스틱, 글루건, 포푸리, 퀼팅실, 퀼팅바늘, 물감(빨간색, 초록색), 붓, 면봉, 가위, 연필

>> 만들기

1 광목을 반으로 접어 큰 고양이와 작은 고양이 패턴을 올려놓는다. 0.7cm 시접을 두고 오려낸다.

2 패턴의 선을 따라 창구멍을 남기고 홈질한다.

3 곡선 부위에는 가위집을 넣고 창구멍으로 뒤집는다.

4 창구멍으로 솜을 채운 다음 창구멍은 시접을 안으로 접어 넣고 공그르기로 마감한다.

5 마사 원단을 반으로 접은 다음, 접은 부분이 주머니 아래로 오도록 하여 양쪽 1cm 시접을 포함해 완성 크기가 13cm×17cm가 되도록 오려낸다.

6 양쪽에 1cm 안쪽으로 홈질한 다음 뒤집으면 주머니 완성!

7 윗부분을 3cm 정도 접고 주머니 안쪽 양끝에 글루건으로 마사끈을 붙인다.

8 주머니에 빨간색 물감으로 하트를, 초록색 물감으로 잎사귀

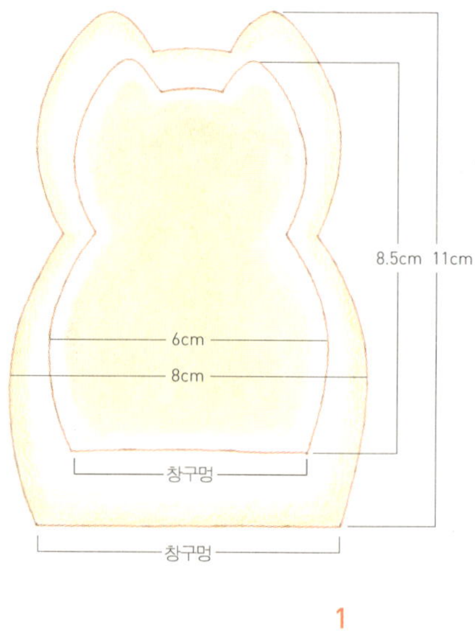

1

그림을 그린다.

9 고양이 얼굴에 연필로 표정을 스케치한다.

10 피그마펜으로 눈, 코, 입, 수염, 갈퀴를 그리고 아이섀도나 립스틱을 면봉에 묻혀 볼을 칠한다. 수염을 그릴 때는 볼터치를 한 다음 그려야 수염이 번지지 않는다.

11 리본을 묶어 고양이 목에 글루건으로 붙인다.

12 주머니 안쪽에 포푸리를 넣는다.

8

DIY Point

- 주머니에 그림을 그리는 대신 빨간색 원단에는 하트를, 초록색 원단에는 잎사귀를 그린 다음, 시접 없이 재단하고 나서 주머니 앞쪽에 딱풀로 붙이면 더 예쁘다.
- 포푸리는 받는 이의 취향에 따라 선택한다. 라벤더는 긴장을 풀어주는 데 효과적이며 진정 작용을 하는 로즈마리는 시력에 좋다. 달콤한 향의 마조람은 스트레스와 불안, 불면증을 치료해 준다. 또한 유칼립투스는 몸에 활력과 생기를 불어넣고 캐모마일은 우울증이나 히스테리 증세를 완화시킨다.

여기서 구입해요

포푸리는 한 종류의 소재로 만들기보다는 여러 가지 꽃이나 잎을 섞어서 사용한다. 직접 허브 잎이나 꽃을 그늘에 말리기도 하지만 건조된 포푸리를 구입할 수도 있다. 상수허브샵www.sangsooherb.com, 오색허브www.osherb.co.kr, 허브아이www.herbi.co.kr에서 판매한다. 향기를 오래도록 머물게 하기 위해 나무껍질, 굵은 소금, 오렌지껍질 등을 사용하거나 아로마 에센셜 오일을 살짝 뿌리기도 한다. 컨츄리크래프트www.countrycraft.co.kr에서는 고양이 인형 DIY 패키지를 판매하고 있다.

지금까지 우리 얼마만큼 사랑했나 * 알콩달콩 추억노트

만난 지 100일째 되는 날이나 1년 되는 날처럼 두고두고 기억할 만한 날에는 특별한 선물이 어울린다. 이름하여 '추억노트'. 함께 보고 느끼고 기뻐하고 눈물 흘렸던 그동안의 추억을 하나하나 꺼내보자. 사진과 함께 두 사람의 추억거리가 될 만한 것들이면 어떤 것이든 상관없다. 소중한 추억을 하나씩 들추어가며 웃는 동안 두 사람은 지금보다 더욱 사랑하는 사이가 될 것이다. 지금부터라도 영화표나 놀이동산 이용권을 모아보면 어떨까.

>> 준비하기

스크랩북, 사진, 스티커, 스탬프, 펜, 풀, 이것저것 추억거리들

>> 만들기

1 사진을 넉넉하게 넣을 수 있는 스크랩북을 준비한다.
2 시간 순서 혹은 테마에 맞는 사진을 고른다.
3 함께 본 영화 티켓이나 공원에 놀러 갔을 때 주운 나뭇잎, 주고받은 이메일 등을 프린트해서 함께 붙인다. 두 사람이 자주 다니는 카페나 음식점 간판, 또는 자주 앉았던 테이블 등을 촬영해 붙이는 것도 이야깃거리가 된다.
4 사진 테두리를 살짝 태워 붙이면 오래된 이야기를 담고 있는 것처럼 느껴진다. 다양한 방법으로 사진을 꾸민다.
5 볼거리, 읽을거리를 아기자기하게 꾸미고 스탬프를 찍고 스티커를 붙여 장식한다.

DIY Point

- 스탬프와 스티커를 이용해보자.
- 노트 배경지는 다양한 상품이 나와 있으므로 활용한다.
- 중간중간에 폴라로이드 사진을 붙이면 색다르다.
- 인라인 스케이팅이나 사진촬영, 다이어트 등 둘만의 관심사가 있다면 한 페이지를 스크랩하는 것도 재미있다.

여기서 구입해요

사진을 꾸밀 수 있는 스크랩북은 부피감 있는 종이로 선택한다. 종이가 검정색이면 사진이 돋보이고 고급스러워 보이는 효과가 있는 반면 다양한 펜을 활용할 수 없다. 사진첩을 재미있게 꾸밀 수 있는 스탬프나 스티커 종류가 많으며 스탬프를 만들 수 있는 DIY 세트도 나와 있다. 공책www.o-check.co.kr, 텐바이텐www.10x10.co.kr에 가보자.

COUNTRY
CRAFT
2005.9.7
C.mam
crow
Book
is
My
friend

책하고 더 친해지라고, 더 열심히 공부하라고 *

컨트리풍 북커버

책과 담을 쌓고 사는 남자친구라면 이제부터 열심히 독서하라고, 책읽기를 즐기는 남자친구라면 책 읽으면서 내 생각 많이 하라는 의미에서 한 땀 한 땀 정성 가득한 북커버를 선물해보자. 컨트리풍의 귀여운 그림과 글씨가 수놓아져 있어 책을 읽는 내내 기분이 좋아질 것만 같다. 커플 이니셜을 살짝 새겨 넣으면 더욱 의미가 있을 듯.

>> 준비하기

스텐실 작업한 원단 1/2마, 잔잔한 무늬 원단 1/8마, 광목 1/2마, 십자수실(검정색, 고동색), 바늘, 가위

>> 만들기

1 스텐실 작업한 원단의 그림 테두리는 2겹 검정색 십자수실로 박음질하고, 4겹 고동색 십자수실로 글씨를 박음질한다.
2 가로는 책의 날개(9cm)+책의 앞면 길이+책등 길이+책의 뒷면 길이+날개(9cm)+시접(1cm) 길이에 여유분 1cm를 더해서 정하고 세로는 책의 크기에 1cm씩 여유를 둔다.
3 스텐실 작업한 원단이 2/3, 잔잔한 무늬 원단이 1/3 정도 올 수 있도록 원단을 오린 뒤, 두 원단 겉과 겉의 끝부분을 맞대고 시접 1cm 안쪽으로 박음질한다.
4 광목을 오려서 광목과 3번의 겉과 겉을 맞대고, 창구멍을 5cm 정도 남긴 뒤 시접 1cm 안쪽으로 박음질한다.
5 창구멍으로 뒤집은 다음 창구멍을 공그르기한다.
6 날개 부분의 위와 아래를 공그르기한다.

DIY Point

- 책 크기와 딱 맞게 재단하는 것보다 약간 여유가 있어야 책을 넣고 빼기가 편리하다.
- 책 날개란 책의 표지를 펼쳤을 때 안쪽으로 접혀진 표지를 말한다. 보통 앞날개에는 저자 약력이, 뒷날개에는 책 소개 내용이 나온다.
- 선물 받는 이의 이니셜을 수놓으면 특별한 선물이 된다.

여기서 구입해요

귀여운 그림을 스텐실 작업한 북커버용 원단과 북커버를 만들 수 있는 DIY 패키지는 컨츄리크래프트www.countrycraft.co.kr에서 판매한다. 원단에 스텐실 작업을 하는 것은 일반인들에게는 꽤 까다롭기 때문에, 처음부터 작업된 원단을 사는 게 좋다. 그러나 다른 그림이 있는 원단을 잘라 감침질하거나 비즈, 리본 등으로 장식해도 멋진 북커버를 만들 수 있다.

선물을 한층 더 빛나게 만드는 나만의 포장법

삼각형 모양 초콜릿 포장

내용물이 똑 떨어지는 모양이 아니거나 자잘한 선물을 여러 개 함께 포장할 때는 삼각 포장이 어울린다. 평범한 상자에 넣었을 때보다 색다르고 특이해서 누구나 좋아할 만한 선물 포장이 된다.

>>준비하기

삼각형 모양 상자, 포장지, 리본테이프, 양면테이프, 가위

>>만들기

1 삼각형 모양 상자를 준비한다.
2 포장지는 여유 있게 삼각형 상자를 감쌀 수 있을 정도로 재단한다.
3 삼각형 상자를 세운 상태에서 포장지로 감싸고 양면테이프로 붙인다.
4 삼각형 상자를 누이고 포장지를 접어 올린 다음 꼭지점을 기준으로 위로 올린 포장지를 반 접고 뒤로 넣어 정리한다.
5 남은 2개의 꼭지점들도 4번과 같은 방법으로 한다.
6 마지막 시접은 4번의 시작 부분 홈 안에 끼워 넣어 깔끔하게 정리한다. 상자 포장이 완성되면 접은 선이 정중앙에서 모두 만나게 된다.
7 상자 중앙에서 리본을 손가락으로 누르고 아래쪽으로 내려가면서 한 변에 리본을 두 줄씩 두른 다음 처음 시작한 중심에서 나비 리본을 묶어 장식한다.

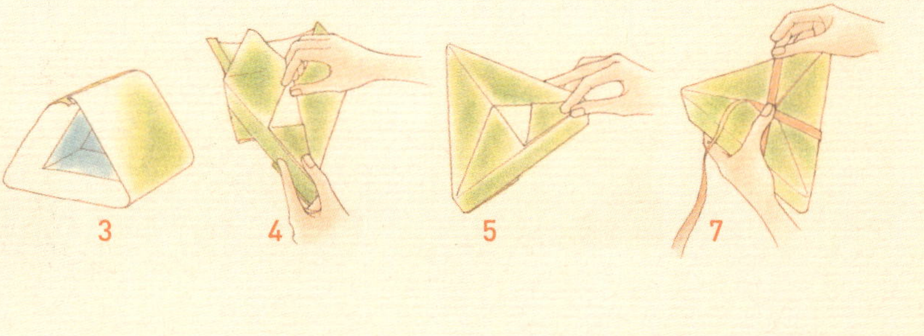

포켓달린 책 포장

책이나 다이어리처럼 네모 반듯한 선물은 포장하기가 쉽지만 그런 만큼 밋밋한 포장이 될 수 있다. 이럴 때는 포켓을 만들어서 네임카드나 북마크 등을 끼워주면 새로운 선물로 거듭나게 된다.

≫ 준비하기

크라프트지, 노끈, 양면테이프, 가위

≫ 만들기

1 포켓의 깊이를 정한 다음 그 분량만큼 겹쳐지도록 크라프트지를 접는다.
2 크라프트지 오른쪽 세로선을 1cm 안쪽으로 접고 중앙 부분에 양면테이프를 붙여놓는다.
3 책 뒷면이 위를 향하도록 놓고 포장지로 책을 덮은 후 양면테이프로 고정시킨다.
4 이제 아래와 위를 마무리하면 된다. 시접선이 있는 쪽의 포장지를 직각으로 접은 다음 좌우를 45도 각도로 정확하게 접는다.
5 양옆이 Y자가 되도록 선을 맞추고 남는 시접을 안쪽으로 접어 양면테이프로 고정시킨다.
6 노끈을 포켓 아래쪽에 나비 리본 모양으로 묶어준다.

솜씨가 2% 부족할 때! 사서 주는 베스트 선물 아이템

사랑하는 감정은 마음 한가득이지만 시간이 없거나 솜씨가 부족할 때, 또는 선물 받는 이가 정성 가득한 선물보다는 실용적인 선물을 좋아할 때, 선물하고 싶은 아이템을 직접 만들 수 없을 때는 망설이지 말고 과감하게 사서 주자. 조금만 관심을 갖고 둘러보면 재기 발랄하고 감각적인 선물들이 많다. 감동의 물결이 넘실대고 백만 볼트 사랑이 충전되는 선물가게를 소개한다.

10×10 www.10x10.co.kr

아직은 소년 같은 남자친구를 위한 선물

10×10은 감각적인 디자인 전문 쇼핑몰로서 온라인 쇼핑몰을 중심으로 하여 대학로, 종로, 홍대 앞, 잠실 등 전국에 오프라인 매장이 활성화되어 있다. 이곳에는 다 큰 어른이지만 눈망울 맑은 소년 같은 순진함을 간직한 내 남자친구가 좋아할 만한 선물 아이템이 가득하다. 걷고 돌고 던지고 집고 손드는 등 다양한 동작을 할 수 있는 로봇과 세계 유명회사 자동차를 모두 모아놓은 모형자동차가 바로 그것. 모형자동차는 실제 자동차 설계를 기본으로 만들었기 때문에 거의 똑같다. 문과 트렁크를 열 수 있고 차의 내부 구조까지 정교하게 만들어져 있다. 만약 남자친구가 여행을 좋아한다면 나침반이나 가죽물병, 폴라로이드카메라, 여권케이스를 권할 만하다.

박스앤캔 www.boxncan.com

열심히 일하는 남자라면 갖추어야 할 것들

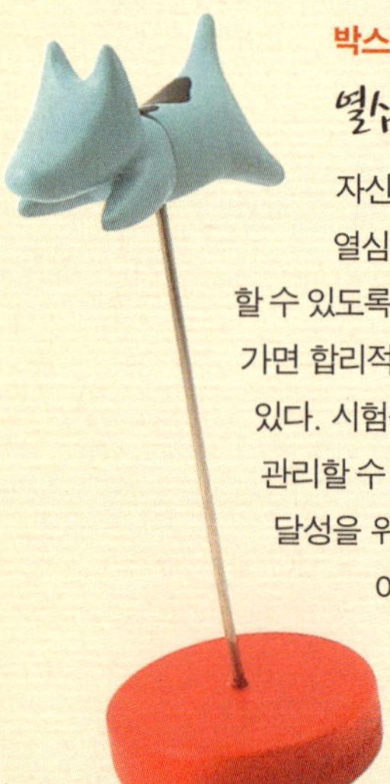

자신의 일에 최선을 다하는 남자의 모습은 아름답다. 그것이 일이든 공부든 간에 열심히 하는 남자의 모습이 여자에게는 매력적으로 보인다. 남자친구가 더 열심히 할 수 있도록 여자친구의 응원 위에 하나 더 보태줄 아이템들이 있다. 디자인샵 박스앤캔에 가면 합리적인 계획을 세우고 실천할 수 있는 다이어리나 목표 달성 캘린더 등을 만날 수 있다. 시험을 앞두고 있다면 더욱 좋은 선물이 될 것 같다. 계획적으로 꼼꼼하게 시간을 관리할 수 있는 앤디다이어리, 목표로 하는 프로젝트를 달성할 수 있도록 도와주는 목표 달성을 위한 100일 캘린더, 간단한 메모지와 명함을 끼워넣을 수 있는 강아지 메모꽂이, 시간 약속 잘 지키게 해줄 천년만년 캘린더 알람시계 등 남자친구의 스케줄을 챙겨줄 아이템들이 가득하다.

비니걸 www.vinegirl.co.kr

세상에 하나뿐인 액세서리 쇼핑몰

DIY 세트를 이용해서 직접 만들거나 주문 제작도 가능한 곳. 여자친구에게 선물할 액세서리는 물론이고 패션 감각 있는 남자친구를 위한 선물도 마련되어 있다. 핸드메이드 제품이라 정성은 기본이고 세상에 하나뿐이라서 더욱 특별하다. 액세서리 종류별로 컬러별로 고를 수 있어 편리하게 이용할 수 있다.

sunmulhea www.sunmulhea.com

연인들을 위한 맞춤동화

나와 내 남자친구가 동화책 주인공이 된다면 어떤 기분일까? 『우렁각시』, 『선녀와 나무꾼』 등 어렸을 때부터 너무나 익숙한 전래동화책에 나와 내 남자친구를 주인공으로 하여 책으로 만들어주는 곳이 있다. 동화책 속에 사진을 넣어주기도 하고 녹음인형, 녹음액자, 100일유리병편지 등 기념일에 어울릴 만한 특별한 선물들을 많이 판매한다. 머그컵, 달력, 쿠션, 시계 등에 사진을 넣어서 판매하는 등 열렬히 사랑했던 순간을 간직하기에 이보다 더 좋은 선물은 없을 것 같다.

THE BODY SHOP www.thebodyshop.co.kr

이제 남자도 피부에 신경써야할 때

결이 곱고 깔끔한 얼굴은 여자들만의 소망이 아니다. 자신을 가꿀 줄 아는 남자들에게 고급스러운 바디 케어 제품 선물은 센스 있는 여자친구로 인식될 수 있는 기회. 특히나 머리에서 발끝까지 비누 하나로 해결하는 그라면 이제부터는 여자친구의 관심이 필요한 때다. 대부분의 남자들이 피부나 외모에 무심한 듯 보이지만 사실은 여자친구의 손길과 관심을 은근히 기다리고 있을지도 모른다.

세계적으로 유명한 브랜드인 바디샵에는 남성을 위한 클렌저, 셰이빙크림, 스크럽, 모이스처라이저, 향수 등 다양한 제품군이 있다.

PART 2 >>

to just-married couple

보기만 해도 행복이 묻어나는 로맨틱 선물 DIY

깨소금 냄새 솔솔 나는 신혼집에 행복 하나 더 얹어줄 선물 아이템을 골라 모았다. 로맨틱 장미 리스, 비즈발, 커튼, 바구니 커버, 니트 옷걸이 등은 사랑스럽고 행복 가득한 공간을 만드는 필수 아이템. 조금 시간이 더 걸려도, 좀 더 수고스러워도 받는 이의 기뻐하는 모습을 상상하면서 신혼집에 어울릴 만한 아이템들을 만들어보자.

Welcome to the Garden
Welcome to the
apple mint
Welc
ATIVA AGRÍCOLA
DE
ESTEAD
HOMESTEAD (TARRAGONA)
TELS. 977 36 0673
977 36 0086
FAX: 977 79 2501
CALIBRE
24-A
CAT. I
TARA 450GR. ±4%
OLAT CHAUD

봄을 담은 작은 꽃밭 * 소담한 토분과 미니간판

큰 수고 들이지 않고 손쉽게 만들어 특별한 아름다움을 만들어내는 방법으로 스텐실이 있다. 스텐실로 꾸민 토분과 미니간판을 베란다 한켠에 만든 작은 꽃밭에 놓으면 베르사이유 궁의 정원 못지않은 나만의 정원이 만들어진다. 뿐만 아니라 토분에 소박한 꽃들을 꽂아놓으면 멋진 인테리어 소품이 된다. 공기를 정화시키는 벤자민이나 산사베리아를 토분에 심은 다음 미니간판을 꽂아보자. 센스 있는 집들이 선물이 된다.

>> 준비하기

토분, 간판용 원목, 원목지지대, 검정색 펜, 아크릴물감(빨간색, 초록색, 흰색, 노란색, 파란색), 붓, 세필붓, 사포, 연필, 접착제

>> 만들기

1 토분에 들어갈 밑그림을 연필로 스케치한다.
2 면과 테두리를 물감으로 처리한다.
3 간판용 원목에 흰색 물감을 두 번 칠한 다음 말린다.
4 잘 마른 간판에 연필로 쓰고 싶은 문구를 쓰고 나서 세필붓으로 글씨를 쓴다.
5 간판에 연필로 그림을 스케치한다.
6 면은 물감으로 칠하고 테두리는 펜으로 그린다.
7 원목 끝 테두리를 사포로 다듬는다.
8 갈색 물감과 물을 1대 2 비율로 섞어서 사포질했던 테두리를 칠한 다음 잘 말린다.
9 완성된 간판에 원목지지대를 붙이고 토분에 꽂는다.

1

4

DIY Point

• 세필붓이란 끝이 뾰족한 회화용 붓으로, 가는 선이나 점을 찍을 때 사용한다. 붓을 다 사용한 후에는 물감이 마르기 전에 미지근한 물로 빨아준다.

여기서 구입해요

공작공예www.gongjakart.com, 대전아트센터www.tjart.com, 크라머www.crama.co.kr, 공간아트www.artc.co.kr에서 스텐실 관련 목재 반제품과 부재료를 판매하고 있다. 정성 들여 선물하고 싶지만 스텐실에 자신이 없다면 컨츄리크래프트www.countrycraft.co.kr에 가보자. 핸드메이드 느낌이 곳곳에 배어 있는 토분과 미니간판 완제품을 살 수 있다.

011

바구니의 사랑스러운 변신 *

라탄바구니&바구니커버

바구니는 집에서 쓰임이 많다. 이것저것 잡다한 물건들을 담아두기도 하고 공간박스 안에 넣으면 서랍을 대신할 수도 있다. 썰렁한 바구니만 선물하는 것보다 잔잔한 꽃무늬 원단에 프릴 달아 커버를 씌우고 소박한 광목천으로 마감한 다음 리본으로 포인트를 주자. 바구니와 같은 원단을 덧댄 패브릭 타월을 함께 넣어 선물하면 더할 나위 없겠다. 평범한 바구니의 놀라운 변신, 기대해도 좋다.

>> **준비하기**

라탄바구니, 작은 꽃무늬 원단 1.5마, 광목 1마, 실, 바늘, 가위

>> **만들기**

1 가로 28cm, 세로 18cm, 높이 18cm인 바구니의 커버를 만들어보자. 꽃무늬 원단을 밑판 30cm×20cm(시접 1cm 포함)와 옆면 94cm×23cm(시접 1cm 포함) 1장씩 재단한다. 광목도 같은 크기로 1장씩 재단한다.

2 꽃무늬 원단으로 프릴을 만들 차례. 완성 사이즈 94cm×6cm의 프릴을 만들려면 180cm×9cm의 원단이 필요하다. 원단을 길게 만들어야 하므로 45도 사선으로 재단한 다음, 끈끼리 박아서 180cm 길이로 만든다. 박을 때는 겉끼리 직각으로 마주대고 끝부분을 박음질한다.

3 길게 만들어놓은 프릴 원단의 한쪽 가장자리는 0.5cm 정도 2번 접은 다음 박음질한다.

4 다른 쪽 가장자리는 1cm 안쪽으로 성글게 홈질한 다음, 실의 한쪽 끝부분에 매듭을 짓고 다른 한쪽에서 잡아당겨 프릴을 만든다.

5 밑판 원단과 옆면 원단을 연결할 차례. 밑판 원단 사방을 94cm 길이의 옆면 원단과 연결한다. 이때 겉과 겉을 마주대고 박음질하면 밑판과 옆면이 연결된다.

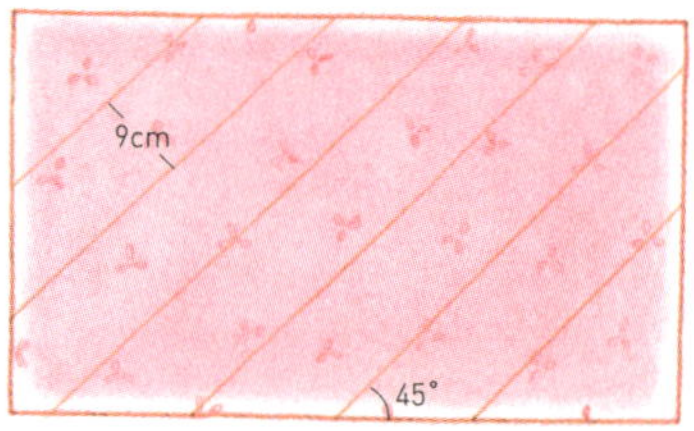

2

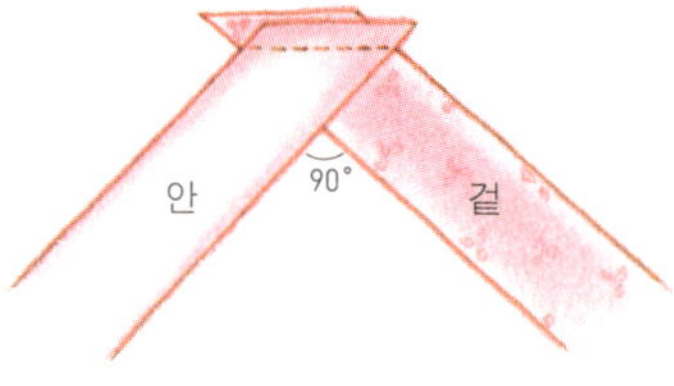

6 이제 프릴을 달아보자. 5번에서 만든 본체 겉과 프릴의 겉을 마주대고 박음질하면 된다.

7 재단해놓은 광목을 5번과 같은 방법으로 손질한다.

8 광목으로 끈을 만들어 리본을 만든다. 광목으로 끈을 만들려면 광목 원단을 20cm×4cm로 재단한 다음 4cm, 즉 짧은 쪽 시접은 양쪽을 0.5cm씩 2번 접어 넣고 20cm 쪽, 즉 긴 쪽은 안감끼리 마주보도록 양쪽에서 1cm 안으로 2번 접은 다음 감침질한다.

9 라탄바구니에 프릴 달린 원단을 씌우고 광목을 씌운 다음 광목 원단 중앙에 광목끈을 달고 리본으로 묶어준다.

8

DIY Point

- 바구니커버를 만들기 위해서는 바구니 크기를 정확하게 잰 다음 시접분을 둔다.
- 바구니 옆선 높이는 바구니 높이에 시접분과 바구니 겉으로 접혀지는 부분 3cm를 더하여 재단한다.
- 재봉틀을 이용할 경우 프릴을 좀 더 쉽게 달 수 있다. 프릴 원단의 한쪽은 말아박기노루발로 말아박은 다음 다른 한 쪽은 주름노루발로 프릴을 만든다. 말아박기를 하려면 노루발을 말아박기노루발로 교체하고 노루발 홈에 원단 끝을 약 0.5cm 정도 끼운다. 그러고 나서 천천히 박으면 저절로 말아박기가 되는데, 홈에 끼운 부분이 풀리면 말아박기가 안 되고 너무 많이 끼우면 시접이 빠져나오므로 주의한다. 주름노루발은 셔링노루발이라고도 하는데, 레이스나 원단을 주름지게 해야 할 때 사용한다. 박는 방법은 주름노루발로 교체한 다음 윗실조절다이얼을 높은 숫자로 맞추고 천천히 박으면 된다. 주름이 잡힌 원단을 손으로 만져 고르게 펴면서 작업한다. 얇고 고운 천에는 천천히 발판을 밟아야 주름이 예쁘게 잘 만들어진다.

여기서 구입해요

라탄바구니는 할인매장이나 백화점 등 인테리어 소품을 취급하는 쇼핑몰에서 판매한다. 원단은 동대문 종합시장 2층과 3층에서 구입하거나 온라인 쇼핑몰을 이용한다. 원단천국www.wondanck.co.kr, 천이야기www.1000story.com, 천마트www.chunmart.co.kr에서는 잔잔한 꽃무늬 계열의 원단을 많이 취급한다. 인테리어 소품 토털 쇼핑몰 데이데코www.daydeco.com, 올리브데코www.olive-deco.com, 슈가로즈www.sugarrose.co.kr, 위드홈www.withbedding.com에서는 다양한 크기와 디자인의 라탄바구니와 커버를 판매한다.

GUARANTEE
ALL HOMESTEAD TOOLS
PROFESSIONAL QUALITY
HAND TOOLS
ORDER THE FOLLOWING HOMESTEAD TOOLS
L'OCCITANE
EN PROVENCE
EAU DE LINGE
BONNE MÈRE
LINEN WATER
ROSE

BONNE
MERE

쉽게 만들어 알뜰하게 선물하는 * 니트 옷걸이와 타월세트

선물이라고 해서 너무 거창해야 하는 이유는 없다. 니트로 만든 옷걸이와 패브릭으로 장식한 타월세트는 만드는 법이 간단하고 사랑스러워 부담스럽지 않은 선물을 할 때 제격이다. 특별히 집들이나 생일선물이 아니더라도 다른 집에 방문할 때 선물하면 센스의 여왕으로 인정받을 것이다. 받는 이의 이니셜을 새겨주면 주는 사람의 정성이 더욱 두드러지는 선물이 된다. 봄과 여름에 니트가 더워 보인다면 핑크빛이나 연둣빛의 로맨틱하고 싱그러움이 느껴지는 패브릭으로 옷걸이에 옷을 입혀보자.

니트 옷걸이 만들기

>> 준비하기

세탁소 옷걸이, 니트 원단, 펜치, 테이프(마스킹테이프나 셀로판테이프), 퀼팅솜, 글루건, 리본테이프, 조화, 가위

>> 만들기

1 세탁소 옷걸이를 준비하여 밑변 가운데를 펜치로 끊고 양쪽 윗변에 바싹 붙여 테이프를 감아 튼튼하게 고정시킨다.
2 퀼팅솜을 30cm×23cm로 2장 재단해 놓는다.
3 옷걸이에 글루건을 쏘아 양쪽에 퀼팅솜을 힘껏 잡아당겨 둘둘 감는다. 이때 퀼팅솜을 한 번 감고 글루건으로 붙인 다음, 다시 한 번 감고 붙이기를 반복해야 옷걸이가 튼튼해진다.
4 옷걸이 고리 부분에는 리본테이프를 빈틈없이 감아 붙인다. 리본테이프를 감을 때는 한 번 감은 뒤에 글루건으로 붙인 다음, 다시 한 번 감고 붙이기를 반복해야 튼튼하다.
5 니트 원단을 48cm×9cm 크기로 재단한다.
6 원단 겉면이 위를 향하도록 놓고 9cm 길이를 반으로 접는다.
7 ⓐ와 ⓒ 부분을 1cm 안쪽으로 바느질한다.

DIY Point

- 니트 원단 대신 색깔이 고운 헌 스웨터나 머플러를 이용해도 된다.
- 퀼팅솜을 가로 23cm로 자르는 이유는 옷걸이 한쪽 변의 길이가 23cm이기 때문이다.
- 니트 원단은 신축성이 있으므로 감침질할 때 약간 타이트하게 잡아당기면서 꿰매야 모양이 예쁘다.
- 글루건을 사용할 때는 화상을 입지 않도록 조심한다. 전기를 연결하고 건의 앞부분이 열을 받으면 핫매트봉을 뒤쪽에 꽂아서 앞쪽으로 민 다음 방아쇠를 당긴다. 핫매트봉이 녹은 상태로 나올 때까지 방아쇠를 계속 당겨 액을 바르면 된다.

8 밑면 ⓑ쪽으로 뒤집어서 잘 편 다음, ⓓ중앙을 표시해둔다.
9 니트 원단은 조직에 틈이 있으므로 미리 표시해두었던 부분을 벌려 옷걸이 고리에 끼워 넣고 솜으로 감싸두었던 옷걸이 몸통 부분을 씌운다.
10 밑면 ⓑ를 감침질한다.
11 리본이나 조화로 장식한다.

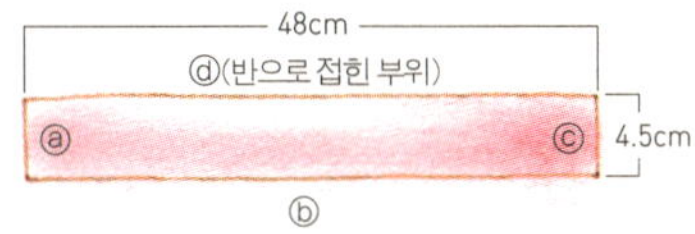

6

타월세트 만들기

>> 준비하기

무지 타월, 무늬 원단, 레이스

>> 만들기

1 무지 타월의 길이를 고려해서 무늬 원단을 재단한다. 무늬 원단은 리본테이프처럼 길게 재단하는데, 폭은 3~10cm로 취향에 따라 다양하게 만들 수 있다. 시접은 0.5cm 남긴다.
2 재단한 무늬 원단의 시접을 모두 접고 꾹 눌러 다림질해 놓는다.
3 무늬 원단의 길이에 맞게 레이스를 자른다.
4 타월 아래쪽에 레이스와 무늬 원단을 놓고 시침핀으로 고정시킨다.
5 무늬 원단을 겉에서 꼼꼼하게 박음질한다.
6 타월마다 원단을 달리하여 여러 장 만들고 예쁘게 접어 리본으로 묶어준다.

DIY Point

- 손으로 한땀한땀 꿰맬 때는 촘촘하게 홈질하거나 박음질해야 재봉틀 못지않게 튼튼하게 만들어진다. 재봉틀이 있다면 한 번 드르륵 박으면 완성된다.

여기서 구입해요

마스킹테이프나 셀로판테이프는 화방이나 문구점에서 살 수 있다. 글루건 역시 할인마트나 철물점에서 쉽게 살 수 있으며 퀼팅솜은 퀼트 부자재를 취급하는 곳에서 판매한다. 원단과 레이스는 동대문 종합시장이나 온라인 쇼핑몰을 이용한다.

013
DEEP MORGAN
KITCHEN
N
E

DEEP MORGAN
KITCHEN
N
E

둘이 함께 알콩달콩 요리하라고 * 핑크&블루 커플앞치마

갓 결혼한 신혼부부에게는 함께 하는 시간이 소중하고 즐겁기만 하다. 함께 음식을 만들고 설거지를 하는 동안에도 웃음이 끊이지 않는다. 이처럼 주방에서의 시간이 더 행복해질 수 있는 아이템 하나가 바로 커플앞치마. 예쁜 아내를 위해 주방일도 척척 잘하는 착한 남편 되라고, 힘들어하는 남편을 위해 배려 잘하는 현명한 아내 되라고 신혼부부에게 꼭 어울릴 만한 앞치마를 만들어 선물하자. 프릴이나 장식이 너무 많으면 남편이 쑥스러워할 수도 있으므로 심플한 디자인에 하트로 포인트만 준다.

>> 준비하기

분홍색 무지 원단(여성용) 1.5마, 하늘색 무지 원단(남성용) 1.5마, 레이스, 실, 바늘, 가위, 벨크로

>> 만들기

1 원단을 반으로 접어 패턴대로 앞치마 본체를 그린 다음 재단한다(시접 2cm 포함).

2 끈, 주머니, 하트를 그린 다음 재단해야 한다. 어깨끈(4.5cm×68cm) 4장, 허리끈(4.5cm×90cm) 4장, 어깨연결끈(5cm×26cm) 2장, 주머니(28cm×17cm) 1장, 하트(14cm×11cm) 2장(모두 시접 0.5cm 포함).

3 끈을 겉면끼리 마주대고 0.5cm 안쪽으로 세 면을 박음질한 다음 뒤집어 0.1cm 안쪽으로 네 면을 한 번 더 박음질한다.

4 주머니를 안쪽으로 0.5cm 시접을 접어 박음질해 둔다.

5 앞치마의 포인트인 하트를 만들 차례. 하트 겉면이 위를 향하도록 올려놓고 그 위에 레이스 겉면을 올려놓은 다음 다시 다른 하트 겉면을 올려놓은 뒤 박음질한다. 그러면 하트, 레이스, 하트 순서로 놓이게 된다. 맨 위에 올려진 하트에 칼집을 내고 뒤집으면 레이스 달린 예쁜 하트가 완성된다.

6 앞치마 둘레 안쪽으로 시접을 1cm씩 2번 접어 박음질한다.

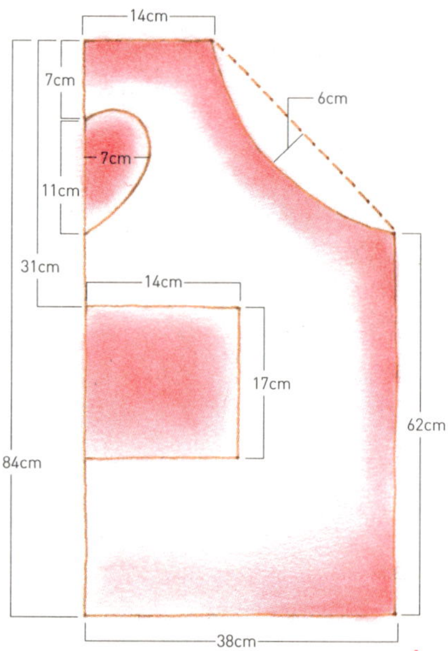

1

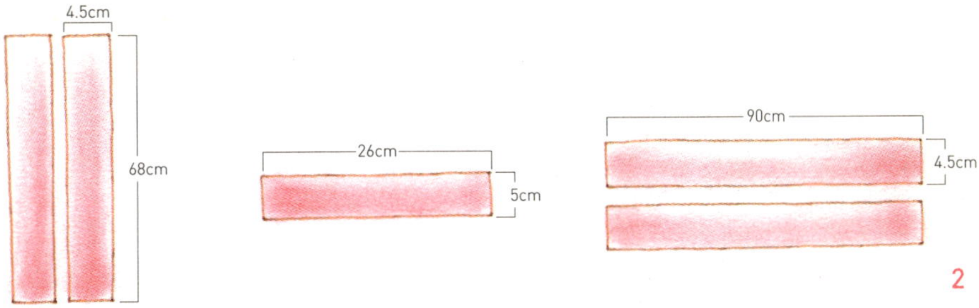

2

7 앞치마 본체에 어깨끈과 허리끈을 달고 왼쪽 어깨끈에는 어깨연결끈을 연결한다.

8 어깨연결끈과 오른쪽 어깨끈에 벨크로를 단다.

9 앞치마 본체에 하트와 주머니를 단다. 하트와 주머니를 달 때는 0.1cm 안쪽으로 박음질한다.

5

DIY Point

- 남자용 앞치마는 여자용보다 여유있게 크게 재단한다.
- 앞치마는 주로 면 원단을 사용하는데 그 중에서도 옥스퍼드지가 많이 쓰인다.
- 벨크로는 소위 '찍찍이'라 불리는 것으로 두 원단을 자유롭게 떼었다 붙일 수 있다.

여기서 구입해요

앞치마를 예쁘게 만들려면 원단을 잘 골라야 한다. 동대문 종합시장이나 온라인 쇼핑몰에서 예쁜 원단을 찾아보자. 다만 너무 구김이 많이 가거나 얇은 것은 피하는 것이 좋다. 그리고 주방에서 쓰이므로 옅은 색 원단이 위생적이다. 레이스 역시 동대문 종합시장 5층이나 온라인 쇼핑몰에서 구입 가능하다. 앞치마가 생각만큼 쉽게 만들어지지 않는다면, 전문가의 손길을 빌리는 방법도 있다. 데이데코www.daydeco.com에 가면 핑크&블루 커플앞치마를 비롯한 심플한 앞치마를 구입할 수 있다. 이외에도 앞치마는 백화점, 할인매장, 온라인 쇼핑몰 등에서 쉽게 구할 수 있는 아이템이다.

장미와 진주가 만들어내는 로맨틱 풍경 * 장미꽃잎 비즈발

집 안 어느 곳에 두어도 공간을 여유롭고 아름답게 만드는 비즈발은 집 꾸미는 데 없어서는 안 될 아이템. 햇살 잘 드는 창가나 밋밋한 벽에 비즈발을 걸어두면 활기찬 분위기가 살아난다. 그렇지만 가격이 만만치 않아 선뜻 구입하기란 쉽지 않은데, 이럴 때 어떤 곳에 두어도 무난하게 잘 어울리는 장미꽃잎 비즈발을 만들어 선물해보자. 사랑스러운 장미꽃잎과 여성스럽고 화려한 진주가 만나 평범한 공간을 특별하고 아름답게 만들어줄 것이다.

>> 준비하기

빨간색 벨벳장미조화 5~8송이, 여러 가지 진주구슬(10mm, 12mm, 16mm, 18mm, 22mm) 100여 개, 코브라체인 12m, 2.5mm 고정볼 150개, 3mm 고정볼 10개, 일자집게 또는 펜치, 송곳, 가위

2

>> 만들기

1 벨벳장미조화는 꽃잎만 떼고, 체인을 70cm 정도 자른다.
2 체인에 3mm 고정볼을 1개 끼우고 체인을 고리 형태로 돌려 두 줄을 한꺼번에 고정볼에 넣는다. 그런 다음 일자집게나 펜치로 고정볼을 찌그러뜨려 고정시킨다.
3 진주 한 알을 끼우고 작은 고정볼을 끼워서 고정시킨다.
4 송곳으로 장미꽃잎 중간에 구멍을 내고 체인을 통과시킨 다음 작은 고정볼로 고정시킨다.
5 이와 같은 방법으로 진주와 장미꽃잎을 번갈아가며 보기 좋게 끼운다.

DIY Point

- 비즈발을 방문에 걸어두려면 방문 가로 길이를 알아야 하는데 방문은 보통 90cm 정도다.
- 고정볼은 꽃잎과 진주를 고정시키는 역할을 한다. 2.5~3mm 고정볼이 적당하다.

여기서 구입해요

동대문 종합시장 5층에 가면 비즈발 전문 매장이 모여 있다. 리본, 천사날개 등 다양한 소재로 만든 비즈발을 판매하고 있으며 비즈발 관련 재료도 무궁무진하다. 핑크윙www.pinkwing.com과 가인스토리gainstory.cafe24.com는 비즈발 전문 쇼핑몰. 장미꽃잎 비즈발을 완제품으로 구매하고 싶다면 꽃과 구슬로 꾸미는 집cafe.daum.net/cuterooms을 이용해보자.

015

공간을 아늑하게 바꾸는 분위기 메이커 * 아이보리 미니러그

러그는 공간 분위기를 좌우하는 데 중요한 역할을 하기 때문에 무엇보다 컬러와 프린트를 잘 선택해야 한다. 너무 튀면 다른 인테리어와 어울리지 않으므로 은은한 색상의 아이보리에 패치워크 원단으로 아기자기한 맛을 덧붙인다. 크지 않고 소담스러워 작은 테이블 옆에 두면 경쾌한 분위기 메이커로서의 제 몫을 톡톡히 해낼 것 같다. 만들기도 간단해 부담 없이 만들 수 있고 어느 공간에 두어도 잘 어울려서 간단한 집들이 선물로 좋다.

>> 준비하기

무지 옥스퍼드지 1마, 패치워크 옥스퍼드지 1마, 패딩솜, 실, 바늘, 가위

>> 만들기

1 무지 옥스퍼드지를 100cm×80cm, 패치워크 옥스퍼드지와 패딩솜을 90cm×70cm로 재단한다.
2 무지 옥스퍼드지를 펼쳐놓고 패딩솜을 올려놓은 다음, 그 위에 패치워크 옥스퍼드지를 올려놓는다. 원단은 모두 겉감이 위를 향하도록 놓는다.
3 무지 옥스퍼드지를 안쪽으로 1cm 접고 다시 4cm를 접어 0.1cm 안쪽에 박음질한다.
4 모서리와 모서리가 만나는 지점은 한쪽 시접을 사선으로 접어 넣고 밖에서 박음질한다.

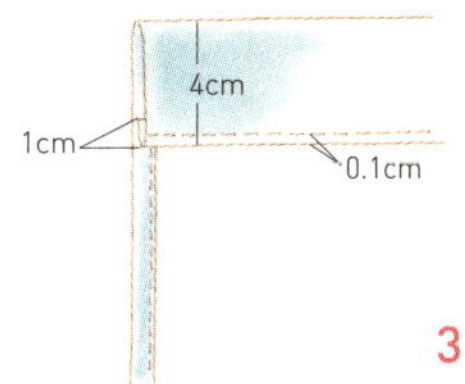

3

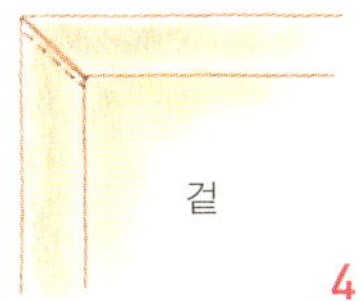

4

DIY Point

• 미끄럼이 염려된다면 미끄럼 방지 기능을 하는 원단을 바닥에 덧댄다.

여기서 구입해요

잘 알고 있는 원단이라면 ebulwww.ebul.co.kr, MODERN1000www.modern1000.com, 싸다천www.ssada1000.com, 하이천닷컴www.hicheon.com 등에서 구입할 수 있다. 아이보리 미니러그 완제품을 사고 싶다면 데이데코www.daydeco.com에서 살 수 있고 넉넉한 사이즈의 러그를 원한다면 위드홈www.withbedding.com, 슈가로즈www.sugarrose.co.kr를 방문해보자.

집안 가득 달콤한 향기가 묻어날 것만 같은 * 로맨틱 장미 리스

유럽에서는 행운을 가져온다고 하여 예쁜 딸을 낳으면 리스에 리본을 곁들여 현관에 걸어 두는 풍습이 있다. 리스는 공간을 예쁘게 꾸미기도 하려니와 행운을 불러오므로 집들이 선물로는 아주 그만이다. 안개꽃으로 장식하면 풋풋하고 싱그러운 분위기를, 작고 컬러풀한 리본을 덧붙이면 아기자기한 분위기를 연출할 수 있다. 장미꽃으로 멋을 낸 리스는 화사하고 로맨틱한 집안을 꾸미기에 더없이 좋은 소품이다.

>> 준비하기

보라색 장미 큰 것 3송이, 보라색 장미 중간 것 5송이, 보라색 장미 작은 것 5송이, 분홍색 장미 작은 것 3송이, 수국(보라색, 분홍색, 빨간색) 1다발, 작은 꽃들, 나뭇잎, 리스틀, 4cm 넓이의 보라색 리본테이프, 글루건, 가위

>> 만들기

1 지름 25cm 정도의 동그란 나뭇가지 리스틀을 준비한다.
2 꽃은 꽃줄기를 5cm 정도 남기고 나머지는 자른다. 잎은 나중에 붙여야 하므로 잘라서 따로 보관한다.
3 중심이 되는 보라색 큰 장미를 리스틀 위쪽으로 가운데와 양쪽에 글루건으로 붙인다.
4 그 다음에는 차례로 꽃을 보기 좋게 붙여주면 되는데, 높낮이가 없으면 평면적이어서 심심해 보이므로 높낮이에 신경 쓰면서 붙이고, 중간중간에 잘라두었던 잎을 붙인다.
5 폭이 넓은 보라색 리본으로 리스 아래쪽을 살짝 묶어주자.

DIY Point

- 리스는 어떻게 꽂아야 한다는 공식이 따로 없다. 아무거나, 내 눈에 예쁘게 보이는 것은 무엇이든 붙여보자.
- 리스를 만들 때 실크 소재의 조화를 사용하면 분위기가 한결 고급스럽다.
- 리스틀은 지름이 15cm와 25cm가 있는데 방문에 걸어두기에는 25cm가 적당하다. 좀 더 사랑스러운 분위기를 연출하고 싶다면 하트 리스틀을 권한다.
- 꽃을 꽂을 때는 리스틀에 달린 철사에 고정시키면 되지만 꽃이 잘 붙지 않으면 글루건으로 강력하게 붙여준다.

여기서 구입해요

강남 고속터미널 꽃시장 도로 맞은편에 위치한 반포화훼직매장에는 조화상가가 밀집되어 있다. 고속터미널 전철역 지하 중앙 통로에 자리한 한산상가 역시 조화상가 밀집지역. 올리브조화www.oliveshop.co.kr, 체인지www.changehome.co.kr, 청운데코www.cheongwoondeco.com는 조화 전문 쇼핑몰로서 다양한 조화와 리스틀, 인테리어 소품 등을 판매한다.

017

TEA
FFEE

식욕을 돋우는 맛있는 식탁 만들기 ✻ 봄을 담은 식탁보와 러너

식탁보와 러너는 주방의 색깔을 좌우하는 대표주자다. 기분에 따라, 계절에 따라 달리하면 주방뿐 아니라 집안 전체 분위기가 달라진다. 또한 식탁보와 러너는 집집마다 한두 개씩 갖추어야 하는 필수품이기 때문에 집안 꾸미기에 관심 없는 이들도 선물로 받으면 좋아할 만한 아이템이다. 마땅한 선물이 떠오르지 않을 때나 선물할 집의 실내 분위기를 알 수 없을 때 만들어 선물하면 무난하다. 식탁보와 러너를 만들 때는 받는 이의 식탁 크기를 살짝 알아두는 센스는 기본. 가깝게 앉아 식사하라고 2인용 식탁보와 러너를 만들어보자.

식탁보 만들기

>> 준비하기

흰색 무지 원단 3마, 실, 바늘, 가위

>> 만들기

1 식탁보 본판을 122cm×122cm로 재단한 다음, 사방을 1cm씩 접어서 박음질한다.

2 프릴을 준비한다. 완성 사이즈 9cm의 프릴을 만들려면 960cm×12cm의 원단이 필요하다. 원단을 45도 각도로 재단한 다음 박아서 880cm 길이로 만든다. 박을 때는 겉끼리 직각으로 마주하여 끝부분을 박음질한다.

3 프릴 원단 한쪽 가장자리를 0.5cm 정도 2번 접은 다음 박음질한다.

4 다른 쪽 가장자리는 1cm 안쪽으로 성글게 홈질한다. 그러고 나서 실의 한쪽 끝부분을 매듭 짓고 다른 한쪽에서 잡아당겨 주름을 만든다.

5 프릴 겉면과 원단 겉면을 겉끼리 마주대고 박음질한다.

6 식탁보 본판 사방 가장자리에서 0.1cm 안쪽으로 박음질해주면 깔끔하게 완성된다.

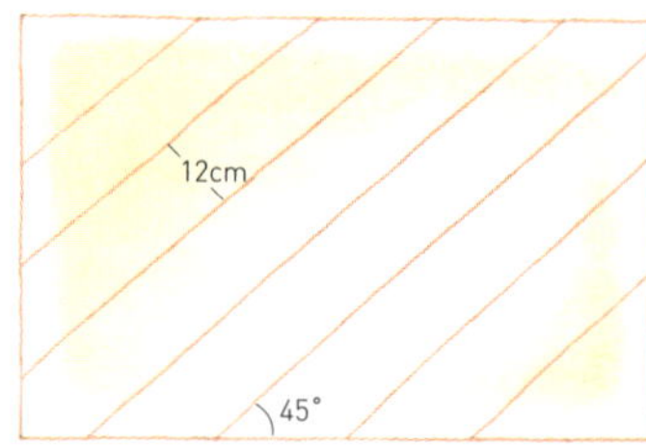

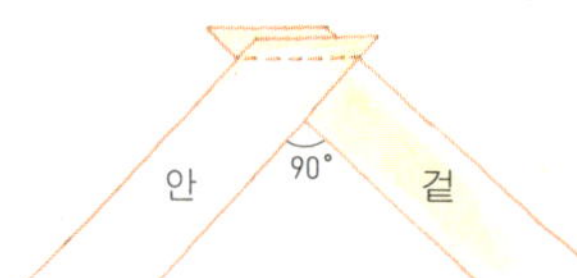

2

DIY Point

• 재봉틀이 있다면 프릴을 만들 때 한쪽 가장자리는 말아박고 다른 쪽 가장자리는 주름노루발을 사용하면 단시간에 만들 수 있다.

러너 만들기

>> 준비하기

꽃무늬 원단 2마, 실, 바늘, 가위

>> 만들기

1 프릴은 원단을 45도 각도로 재단한 다음 박아서 140cm×6cm를 만든다. 박을 때는 겉끼리 직각으로 마주하여 끝부분을 박음질한다.

2 프릴이 2겹이 되어야 하므로 프릴을 안쪽으로 마주보도록 반을 접어서 1cm 안쪽에 성글게 홈질한다. 그러고 나서 실의 한쪽 끝부분은 매듭을 짓고 다른 한쪽에서 잡아당겨 주름을 만든다.

3 본판 136cm×33cm를 2장 재단하여 겉과 겉을 맞댄 다음 긴 쪽 양방향을 박음질하고 나서 뒤집는다.

4 러너 본판 시접을 1.5cm 접은 상태에서 프릴을 넣고 박음질한다.

5 프릴이 2겹이므로 프릴 양끝이 막혀 있지 않고 열려 있는 상태다. 끝부분을 약간 접어서 러너 본판 쪽으로 밀어넣으면 깔끔하게 처리된다.

6 프릴을 양쪽에 모두 박은 다음 깨끗하게 마감하기 위해 러너 테두리를 박음질한다.

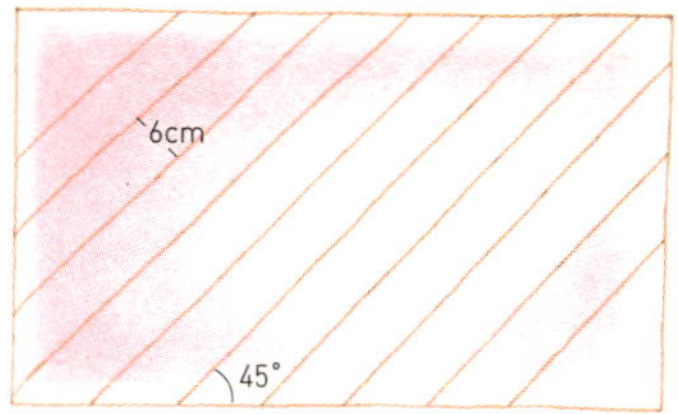

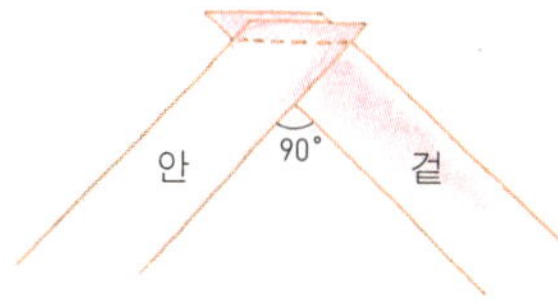

1

DIY Point

- 러너는 보통 식탁에서 20cm 정도 밑으로 내려와야 예쁘다.
- 러너에 프릴 대신 태슬을 달면 분위기가 달라진다.
- 재봉틀을 이용할 경우 주름노루발을 사용하면 프릴을 좀더 쉽게 만들 수 있다.

여기서 구입해요

식탁보나 러너는 원단이 얼마나 예쁘냐에 따라 전체적인 분위기가 달라진다. 따라서 최대 원단시장인 동대문 종합시장에 한 번 나가보는 것도 좋다. 온라인 쇼핑몰 중에는 ebul www.ebul.co.kr, MODERN1000 www.modern1000.com, 싸다천 www.ssada1000.com, 하이천닷컴 www.hicheon.com, 천바다 www.1000bada.com가 대표적. 소개한 것과 똑같은 프릴 달린 식탁보와 러너를 사고 싶다면 데이데코 www.daydeco.com를 이용해보자. 여러 스타일의 식탁보와 러너가 준비되어 있다. 이외에도 쉘위데코 www.shallwedeco.co.kr, 올리브데코 www.olive-deco.com와 같은 쇼핑몰에서도 식탁보와 러너를 판매한다.

집안을 사랑스럽게, 더욱 사랑스럽게 ✻

플로랄 프릴커튼

집안 분위기를 화사하고 사랑스럽게 만들려면 가장 먼저 바꿔야 할 것이 커튼이다. 커튼에 따라 집안 분위기가 달라지기 때문이다. 갓 결혼한 새댁의 수줍은 듯 생생한 표정을 닮은 플로랄 프릴커튼을 만들어보자. 핑크빛 꽃무늬와 체크무늬가 새하얀 프릴과 밸런스를 이루어 선물을 받는 순간 예쁘다는 탄성이 저절로 흘러나올 것 같다. 커튼은 벽을 가리거나 창문에 걸어두는 데 쓰이지만 그 중에서도 요모조모 쓰임이 많은 창문 커튼을 만들어서 선물해보자.

>> 준비하기

꽃무늬 원단 5마, 흰색 무지 원단 2마, 실, 바늘, 가위

>> 만들기 | 완성 사이즈 100cm×160cm 2장

1 꽃무늬 원단에 커튼 본판을 110cm×170cm로 재단한다.

2 프릴을 준비한다. 완성 사이즈 6cm의 프릴을 만들려면 520cm×9cm의 원단이 필요하다. 원단을 길게 만들어야 하므로 원단을 45도 각도 사선으로 재단한 다음 끈끼리 박아서 520cm 길이로 만든다. 박을 때는 겉끼리 직각으로 마주대고 끝부분을 박음질한다.

3 프릴의 한쪽 가장자리를 0.5cm 정도 2번 접은 다음 박음질한다.

4 다른 쪽 가장자리는 1cm 안쪽으로 성글게 홈질한다. 그러고 나서 실의 한쪽 끝부분은 매듭을 짓고 다른 한쪽에서 잡아당겨 프릴을 만든다.

5 프릴이 붙어야 하는 꽃무늬 원단의 한쪽과 밑단은 꽃무늬 겉감과 프릴 겉감을 마주보고 박음질한다.

6 다른 한쪽은 시접을 1.5cm 접고 다시 8.5cm를 접어 완성선을 박음질한다.

7 커튼 위 상단은 봉이 통과할 수 있도록 봉집을 만들어준다.

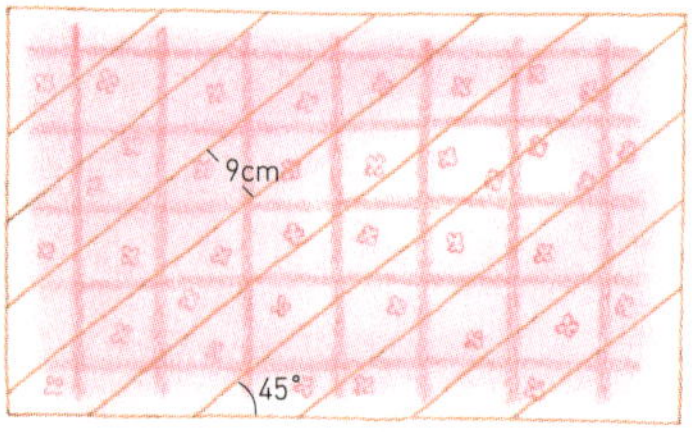

1

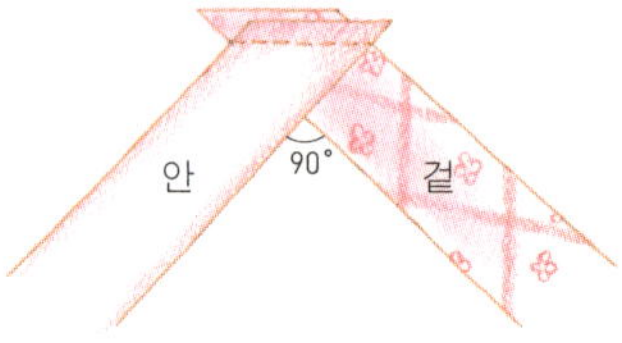

2.5cm를 접고 다시 9cm를 접은 다음 원단 안쪽에서 0.5cm 안쪽으로 가장자리를 박음질한다.

8 위에서 2.5cm 내려와 겉에서 한 번 더 박음질하면 봉집 완성. 이처럼 한 번 더 박음질해 주어야 봉을 넣었을 때 봉 위가 주름이 잡혀서 깔끔하고 예쁘게 완성된다.

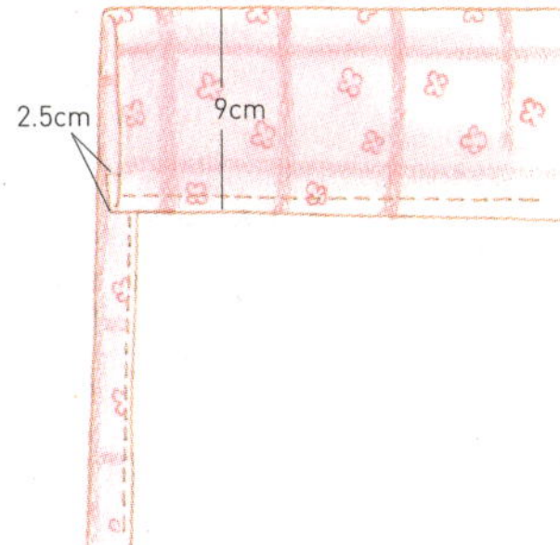

7

DIY Point

- 재봉틀이 있다면 프릴을 만들 때 한쪽 가장자리는 말아박고 다른쪽 가장자리는 주름노루발을 사용하면 단시간에 만들 수 있다.
- 커튼을 만들려면 창의 넓이와 길이를 아는 것이 기본이다. 커튼 길이는 창문 크기에 따라 달라지므로 창틀까지의 길이로 할지, 바닥까지의 길이로 할지를 정한다. 커튼 길이를 정했으면 이제 넓이를 잰다. 창틀 넓이보다 양쪽에서 적어도 커튼이 10~15cm씩 나가서 달린다는 점을 염두에 두자.
- 커튼 길이를 알았다면 원단의 양을 계산해보자. 커튼 길이는 커튼봉에서 원하는 길이만큼 잰 다음에 시접 분량 22cm를 더한다. 넓이는 주름에 따라 달라지는데, 봉커튼일 경우에는 '원단 넓이×1~2배' 정도로 계산한다.

여기서 구입해요

커튼은 원단이 많이 필요한 아이템이므로 최대 원단시장인 동대문 종합시장 2층과 3층에서 구입하는 것이 가장 좋다. 상점에서 커튼 원단을 선택했다면 자르기 전에 혹시 잘못된 부분은 없는지 올이 나가지는 않았는지 꼼꼼하게 확인하는 것은 기본. 동대문역 9번 출구. 오전 8시부터 오후 6시까지. 일요일 휴무.

온라인 쇼핑몰을 이용해도 되는데 쇼핑몰에 따라 가격 차이가 있으므로 꼼꼼히 비교한 다음 선택한다. ebul www.ebul.co.kr, MODERN1000 www.modern1000.com, 싸다천 www.ssada1000.com, 하이천닷컴 www.hicheon.com, 천바다 www.1000bada.com. 이 사이트들은 커튼 원단을 따로 분류해 놓아서 원단을 고르기가 수월하다.

데이데코 www.daydeco.com에 가면 플로랄 프릴커튼 완제품을 살 수 있다. 이외에도 커튼은 웬만한 홈패션 전문 쇼핑몰에서 구입 가능하다. 너무 많은 종류와 디자인이 있어서 선택하기가 곤란할 정도. 올리브데코 www.olive-deco.com, 슈가로즈 www.sugarrose.co.kr, 위드홈 www.withbedding.com, 앤스홈 www.annshome.co.kr 등이 대표적이다.

Plus Page

선물을 한층 더 빛나게 만드는 나만의 포장법

집처럼 만든 토분 포장

화초나 화분은 그 자체로도 예쁘지만 그대로 선물한다면 뭔가 부족하다는 느낌을 지울 수가 없다. 이럴 때 센스를 한 번 발휘해보자. 포장 그 자체가 선물일 정도로 감각적인 선물 포장이 된다.

>>**준비하기**

골판지, 라피아, 네임카드, 양면테이프, 가위, 풀

>>**만들기**

1 그림처럼 골판지를 오린다.

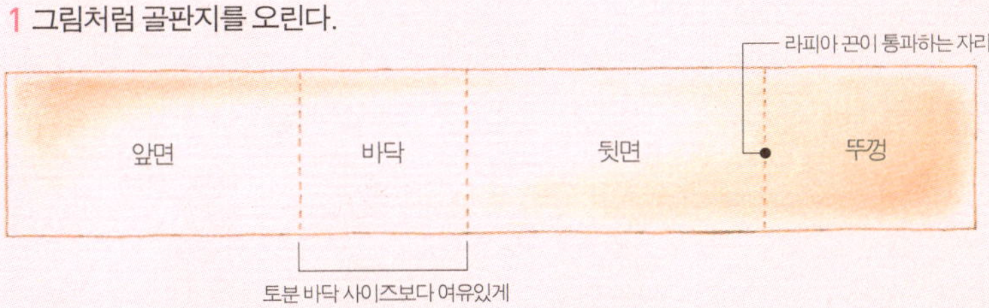

2 접힐 부분에는 칼자국을 내어 접는다.
3 뚜껑 부분에 라피아가 통과할 수 있는 구멍을 뚫는다.
4 바닥 부분을 튼튼하게 하기 위해서 바닥 크기의 골판지 한 장을 더 준비한다.
5 4번을 바닥의 골 방향과 다르게 하여 덧대어 붙인다.
6 토분을 골판지 위에 올려놓는다.
7 라피아를 통과시킨 다음 윗부분에서 묶는다.
8 양면테이프로 뚜껑 부분을 고정시키고 네임카드를 붙인다.

tip

라피아란 | 라피아야자수로 만든 끈. 얇은 종이처럼 생겼지만 튼튼하다.

따뜻하고 보송한 타월세트 포장

상자가 없는 선물을 포장할 때는 부직포를 이용해서 따뜻한 느낌이 전달되도록 하는 것이 포인트. 리본 대신 따뜻하고 보송한 느낌의 끈으로 묶으면 귀엽고 포근한 느낌이 든다.

>>준비하기

부직포, 와이어, 방울 프린지, 양면테이프, 가위

>>만들기

1 부직포 위에 선물을 올려놓고 감싼다.
2 부직포 가운데 부분을 양면테이프로 붙인다.
3 부직포를 중앙으로 모아 주름을 잡은 다음 와이어로 고정시킨다.
4 방울 프린지로 묶은 다음 와이어를 푼다.
5 윗부분을 꽃처럼 예쁘게 펼쳐주면 완성!

tip

프린지란 | 바탕 천 가장자리에 장식하는 술을 말한다. 방울 프린지는 동대문 종합시장에서 구입할 수 있다.

솜씨가 2% 부족할 때! 사서 주는 베스트 선물 아이템

신혼은 핑크빛일지라도 결혼 생활이 항상 즐거울 수만은 없는 법. 갓 결혼한 새댁에게 집안일이나 요리는 그리 만만한 일이 아니다. 신혼이 더욱 달콤해지는 아이템들과 요리나 집 꾸미는 데 자신없는 이들을 위한 선물 꾸러미들을 모았다. 손으로 직접 만든 정성은 빠졌지만 그 대신 디자이너의 감각과 센스가 돋보이는 선물가게를 찾아가보자.

10× 10 www.10x10.co.kr

맞벌이 부부를 위한 선물 아이템

로맨틱하면서도 큐트한 스타일, 모던하면서도 감각적인 스타일 등 다양한 스타일과 많은 제품 구비가 장점. 웬만한 집들이 선물은 모두 갖추었기에 선택의 폭이 넓다. 온라인 쇼핑몰과 오프라인 쇼핑몰을 병행하고 있어서 이용이 편리하다. 특히 맞벌이하는 신혼부부를 위한 선물도 많은데 스피드 쌀씻기, 스피드 만두 만들기, 샌드위치를 만들 수 있는 샌드위치 토스터, 음식 만들 때 시간을 맞추는 메탈계란 등이 눈에 띈다. 동물모양 주먹밥틀, 파스텔톤 식기 등은 깜찍 그 자체.

바보사랑 www.babosarang.co.kr

상상력 풍부하고 장난기 많은 모던 스타일

신혼집에 딱 어울릴 만한 감각적이고 귀여운 모던한 스타일의 소품이 많은 곳. 다소 장난기가 느껴지기도 하지만 신혼집에 놓여 있기에 생활이 아니라 소꿉놀이라도 하는 것처럼 생각될 듯하다. 소품마다 파스텔톤의 색감이 너무 예쁜 탓에 선물용으로 제격이다. 생선 모양의 병따개, 모래시계가 달려 있는 칫솔꽂이, 초코도넛 모양의 쿠션, 주전자 모양의 핑크색 라디오, 암탉처럼 생긴 전화기 등 상상을 뛰어넘는 색감과 디자인이 눈길을 사로잡는다. 아기자기하거나 사랑스러운 것을 좋아하는 이보다는 감각적이고 장난기 많은 신혼부부에게 선물하면 좋아할 것 같다.

레이지핑크 www.lpink.co.kr

핑크 중독이 될 것처럼 예쁘고 감각적인 소품

한번 핑크 중독에 빠지면 좀처럼 헤쳐나오기 어려울 정도로 예쁜 감각의 아이템들이 많다. 주방용품, 생활용품, 욕실용품 등 집들이 선물이 다양하게 준비되어 있는데 그 중에서 커플머그컵이나 요일별타월세트는 신혼 살림을 더욱 핑크빛으로 만들어줄 만하다. 플라워핑크조명이나 캄캄인형도 예뻐 집들이 선물뿐만 아니라 친구나 연인에게 선물해도 누구나 좋아할 것 같다.

까사미아 www.casamiashop.com

고급스러운 생활 소품이 한곳에

가구회사로 시작해 인테리어 전문 업체로 자리잡아 고급스러우면서도 모던한 제품이 주를 이루는 곳. 이불, 커튼 등 패브릭 제품부터 시계, 스탠드, 액자, 식기 등 화이트 계열의 고급스러운 생활 소품들이 눈길을 끈다. 가구를 제외한 생활소품의 종류가 그리 다양하지는 않지만 한 제품마다 은근한 고급스러움이 배어 있다. 가격이 다소 비싸다는 것이 단점. 전국적으로 매장이 많고 온라인 쇼핑몰을 통해서도 주문 가능하다.

디버거 www.dburger.co.kr

감각적이고 맛있는 디자인 창고

감각적이고 참신한 디자인의 진수성찬. 문구용품, 패션잡화, 주얼리, 생활용품 등 선물에 관한 토털 쇼핑몰이라 할 수 있다. 특히 이니셜 머그컵은 작가가 직접 만든 머그컵에 이니셜이나 원하는 글을 넣어주는데 특별한 집들이 선물이 될 것 같다. 강남에 직영점이 있고 디거버 다락방에서는 50퍼센트에서 최고 90퍼센트까지 할인해서 판매하고 있다.

PART 3 >>

to my friends

우정이 더욱 돈독해지는 깜찍 발랄 선물 DIY

사랑보다 더 끈끈하고 유쾌한 우정 선물 모음. '친구란 내 슬픔을 등에 지고 가는 자'라고 정의한 인디언 속담처럼 친구는 내 고민과 갈등, 사랑에 대해 가장 잘 알고 있는 든든한 '내 편'이다. 같이 있기만 해도 힘이 되어주는 친구를 위해 깜짝 선물을 모았다. 바위처럼 단단하고 꽃보다 아름다운 우리 우정 영원히 변치 않도록 기념할 만한 우정 선물을 만들어보자.

장갑

우리 우정 영원히 변치 말자고 * 초록빛 우정노트

친구 생일이나 특별한 날 선물로 고민 중이라면 노트를 예쁜 원단으로 커버링하여 선물해 보자. 평범하지 않아 개성이 넘치고 직접 만들어 정성이 가득하다. 뿐만 아니라 예쁜 원단으로 만들었기에 들고 다니면 스타일이 살아난다. 선물을 받는 이가 보이시한 스타일이라면 컨트리풍의 원단을 사용하고, 새침한 스타일에는 깔끔한 스트라이프 원단이 제격이다. 약간 로맨틱한 성향이 있다면 화려한 꽃무늬 원단이 잘 어울린다.

>> 준비하기

모직 원단(겉감용) 1/4마, 무늬 원단(날개용) 1/8마, 체크무늬 원단(안감용) 1/4마, 속지(10cm×12cm), 퀼팅솜, 실, 바늘, 비즈, 털실, 나무구슬, 가죽끈, 나뭇잎단추, 가위

>> 만들기

1 모직과 체크무늬 원단은 25.5cm×14.5cm로 재단하고 무늬 원단은 10cm×14.5cm로 2장을 재단한다(모두 시접 1cm 포함). 무늬 원단은 한쪽 끝을 1cm 접어서 박음질한다.

2 솜 위에 안감 겉과 날개 겉이 마주보도록 올려놓은 다음, 그 위에 겉감의 겉이 보이도록 올려놓는다.

3 2번을 한꺼번에 박을 차례. 창구멍을 남기고 1cm 안쪽으로 박음질해서 뒤집는다. 창구멍 사이에 가죽끈을 고리로 만들어 끼우고 가장자리 0.1cm 안쪽을 박음질한다. 이때 ⓐ부분에 책갈피용 털실을 달아 함께 박음질한다. 털실 끝에는 나무구슬을 매단다. 노트 앞에 수를 놓고 단추와 비즈로 장식한다.

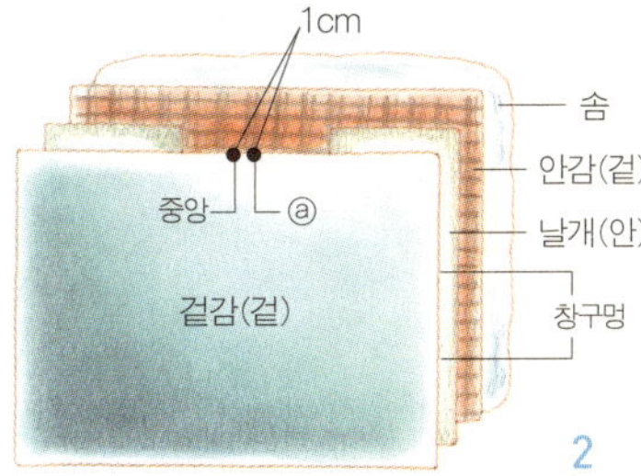

2

DIY Point

• 노트 한쪽에 선물 받는 이의 이니셜을 수놓으면 더욱 의미 있는 선물이 된다.

여기서 구입해요

속지는 1300Kwww.1300k.com나 마법일기www.magicdiary.com, 핸즈북www.handsbook.com, 셀통www.celltong.com 등에서 구입 가능. 예쁘게 만들고 싶지만 정말 자신이 없다면 캔디노트www.candynote.com에 들러보자. 이외에도 미나뜨몰www.minartmall.com, 프리크리www.frecre.co.kr, 대지두마리www.two-pigs.com에서 핸드메이드 다이어리를 판매한다.

By My
Hand
Teddy
Collection
country 2005

By My
Hand
Teddy
Collect

캐주얼한 패션을 마킹하는 * 곰돌이 크로스백

패션을 아는 이라면 개구쟁이처럼 발랄한 느낌의 크로스백 하나 정도는 필수 아이템. 곰돌이 캐릭터도 깜찍 그 자체지만 네 면을 따라 흐르는 스티치가 경쾌함에 더욱 힘을 부여한다. 게다가 가방 뒷면에까지 수놓아져 있어 만든 이의 정성이 돋보이고, 내추럴한 두 가지 색을 섞어 꼬아 만든 가방끈은 프릴 달린 스커트나 캐주얼한 스타일에도 환상적으로 매치된다. 만드는 데 좀 수고스럽지만 고생한 것 이상으로 받는 이가 좋아할 만한 선물이다.

>> 준비하기

인도 무지(겉감용) 1/4마, 체크무늬 원단(안감용) 1/4마, 겨자 꽃무늬 원단(곰돌이 배경용) 11cm×13cm, 갈색 무지 원단(곰돌이용) 10cm×10cm, 빨간색 체크무늬 원단 5cm×5cm, 황토색 원단 5cm×5cm, 퀼팅솜 1/4마, 단추, 가방끈 120cm, 십자수실(갈색, 검정색), 바늘, 마분지, 가위

>> 만들기

1 인도 무지(17cm×19cm) 2장, 체크무늬 원단(34cm×19cm) 1장, 겨자 꽃무늬 원단(9cm×11cm) 1장이 필요하다. 미리 패턴을 뜬 뒤 원단 위에 올려놓고, 0.7cm 시접을 두고 오려낸다.

2 인도 무지를 홍차로 염색한다.

3 마분지에 겨자 꽃무늬 원단 안에 들어올 수 있는 크기로 곰돌이 패턴을 그려서(1번 그림 참조) 오려놓는다.

4 갈색 무지 원단에 0.7cm 시접을 두고 곰돌이 패턴을 오린다. 곰돌이 패턴 시접 중간을 홈질한 다음 마분지에 옮긴 곰돌이 패턴을 넣고 홈질한 부분을 잡아당겨 모양을 잡아준다.

5 완성된 곰돌이를 겨자 꽃무늬 원단에 자리를 잡고 공그르기로 연결한다.

6 곰돌이 얼굴에 검정색 십자수실로 눈과 코를 수놓은 다음, 황

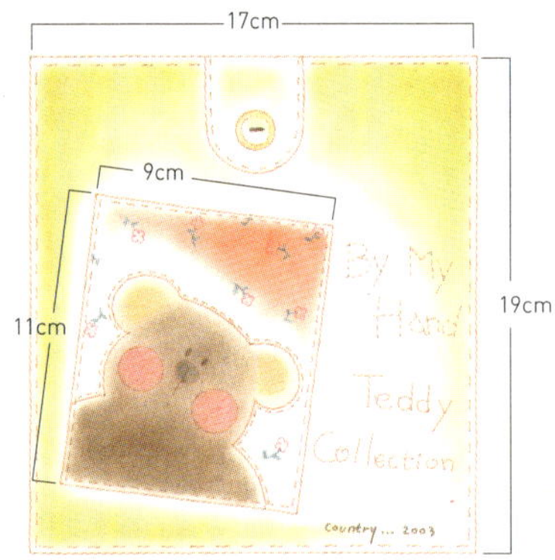

1

9

토색 원단을 오려 딱풀로 귀에 붙이고 빨간색 체크무늬 원단을 오려 볼에 붙인다.

7 오려놓은 인도 무지 바탕 원단에 6번을 앉히고 공그르기로 연결한다. 이때 퀼팅솜을 뒷면에 맞대어 공그르기한 면 테두리와 곰돌이 주위를 검정색 십자수실로 퀼팅한다.

8 갈색 십자수실로 인도 무지 바탕 원단 테두리를 스티치하고 글씨를 수놓는다.

9 뒷면에 수놓을 그림을 스케치한 다음 퀼팅솜을 대고 시침질한 후 갈색 십자수실로 수놓는다.

10 단추고리를 만들기 위해 안감으로 쓰이는 체크무늬 원단 겉과 인도 무지의 겉을 맞대고 홈질한 다음 뒤집어서 테두리를 갈색 수실로 스티치한다.

11 완성해놓은 앞면과 뒷면을 겉감끼리 맞대어 윗부분을 제외한 세 면을 홈질한 다음 뒤집는다.

12 단추고리를 연결하고 나서 가방끈을 가방 옆면에 고정시킨다.

13 안감을 준비할 차례. 오려놓은 체크무늬 원단을 세로로 반을 접어 한쪽 세로선을 홈질한다.

14 완성해놓은 겉감 안에 13번을 넣는다. 안감을 넣을 때는 바느질한 세로선이 옆에 오도록 한다.

15 11번의 윗면과 맞추어 홈질한 다음 연결된 안감을 안으로 뒤집어 넣는다.

16 안감 밑단을 공그르기로 막아준다.

DIY Point

- 인도 무지 대신 광목 원단으로 만들어도 상관없다. 광목으로 만들 때는 두툼하고 워싱 처리된 것으로 선택한다.
- 홍차로 염색하려면 우선 끓는 물에 홍차티백 3~4개와 소금 1티스푼을 넣고 진한 홍차물을 만든다. 홍차물에 염색할 원단을 담그고 약한 불로 20~30분간 끓인다. 물기를 제거한 다음 말리면 완성. 색이 진할수록 좋다.
- '퀼팅'이란 겉감, 솜, 안감을 바느질하여 함께 누비는 것을 말한다.

여기서 구입해요

원단은 동대문 종합시장 2층과 3층에서 구입할 수 있다. 그러나 많은 양을 살 것이 아니라면 인터넷 쇼핑몰에서 퀼트용 원단을 따로 판매하고 있으므로 이용하면 된다. 다모아1000www.damoa1000.co.kr, 1000STORYwww.1000story.com, 모든천www.modern1000.com, 천마트www.chunmart.co.kr, 천세상www.1000sesang.com. 세일상품과 공동구매 상품을 이용하면 더욱 저렴하게 구입할 수 있다. 가방끈은 동대문 종합시장 1층 부자재 판매하는 곳에서 구입한다.

만들기에 조금 까다로워 보이는 곰돌이 크로스백. 어렵다고 생각되거나 시간이 없다면 반제품을 사는 것도 요령이다. 컨츄리크래프트www.countrycraft.co.kr에서는 곰돌이 크로스백을 만들 수 있는 DIY 패키지를 판매한다. 좀 더 발랄한 스타일의 핸드메이드 가방을 선물하고 싶다면 대지두마리www.two-pigs.com에 들러보고 패치워크 스타일의 가방을 원한다면 쁘레www.preh.co.kr를 이용해보자.

021

큐트한 비즈와 소박한 원단의 어울림 ✻ 비즈장식 똑딱이지갑

동전지갑은 나이를 막론하고 누구에게나 필요한 아이템. 친구 지갑 안이 넉넉해지라는 예쁜 소망을 담아 동전지갑을 만들어보자. 지갑을 여닫을 때마다 똑딱거린다 하여 일명 똑딱이지갑. 소박한 마직 원단에 큐트한 비즈를 곁들이고, 분홍색 조각 원단으로 집을 만들어 귀염성을 강조했다. 진분홍색 실로 수놓은 하트 무늬는 사랑스러움의 극치라 할만하다. 동전지갑이지만 넉넉한 사이즈라 교통카드나 립스틱 등이 들어가고도 여유가 있다.

>> 준비하기

마직 원단 1/8마, 무늬 원단 1/8마, 안감용 원단 1/4마, 패딩솜, 지갑용 똑딱이프레임, 색실(분홍색, 빨간색), 바늘, 비즈, 조각 원단, 가위

>> 만들기

1 그림과 같이 마직 원단과 무늬 원단을 1장씩, 안감용 원단은 2장을 재단한다. 재단할 때는 0.7cm 시접을 두고 오린다. 마직 원단은 똑딱이 지갑 앞면용이고 무늬 원단은 뒷면에 덧댈 원단이다. 앞면은 소박한 광목을 이용했으므로 뒷면에는 경쾌한 느낌의 땡땡이 무늬 원단이나 귀여운 그림이 들어간 원단이 적당하다. 그러나 색상이 지나치게 화려하면 자칫 어색해보일 수도 있으므로 너무 튀지 않도록 주의한다.

2 마직 원단과 무늬 원단을 겉끼리 마주대고 그 양쪽에 솜을 놓는다. 다시 말해 솜, 마직 원단, 무늬 원단, 솜 순서로 오도록 한다. 솜을 넣어야 지갑이 폭신폭신해진다.

3 2번을 연결할 차례. 입구 부분을 제외하고 박음질한다.

4 겉감을 박음질해 두었으므로 안감을 박음질해야 한다. 잘라놓은 안감 2장을 겉끼리 마주대고 박음질한다. 이때 똑딱이지갑 입구와 창구멍은 남겨놓는다. 창구멍은 지갑 바닥에 5cm 정도 둔다.

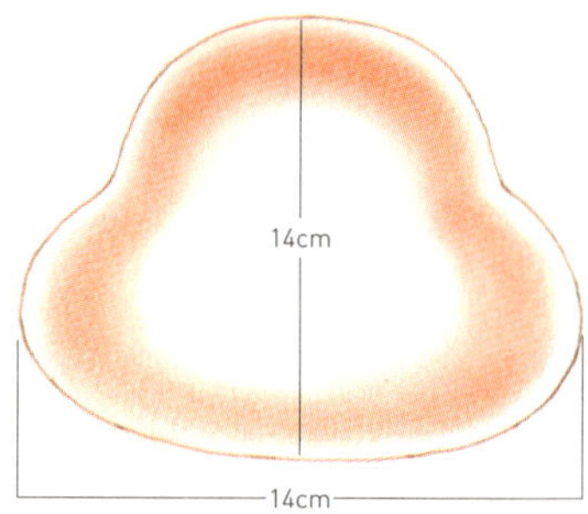

1

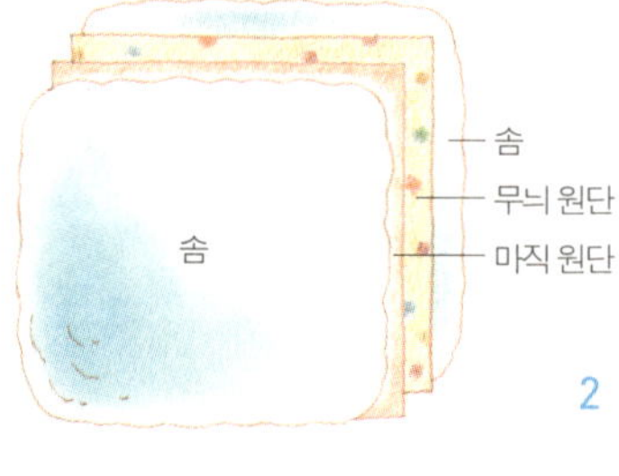

2

5 안감은 안감끼리, 겉감은 겉감끼리 박음질해 두었으므로 이제는 안감 안에 겉감을 넣고 바느질하여 안감과 겉감을 연결시킨다. 안감의 안이 보인 상태에서 안감 안에 겉감의 겉이 보이도록 넣는다.

6 똑딱이지갑 입구 부분을 제외하고 겉감과 안감을 박음질하여 연결한다.

7 겉감과 안감을 연결했으므로 안감의 창구멍으로 뒤집는다.

8 지갑 입구에 똑딱이프레임을 끼운 다음 분홍색 실로 박음질해 단단하게 연결한다. 지갑의 본체 가로의 중앙점이 프레임의 중앙점과 맞게 위치를 잡아 본체를 프레임 안으로 끼워 넣는다. 그런 다음 박음질로 한쪽을 연결하고 다시 되돌아 반대 반향으로 끝까지 내려갔다가 중앙점으로 다시 올라와 마무리한다. 반대쪽 프레임도 같은 방법으로 한다.

9 겉감에 비즈를 단다. 비즈는 취향에 따라 고르면 되는데, 잔잔한 컬러와 디자인의 비즈를 여러 개 달 수도 있고, 화려한 디자인의 비즈로 포인트를 줄 수도 있다.

10 조각 원단으로 집을 만들어 분홍색 실로 감침질한다. 집 창문을 실로 수놓는다.

11 진분홍색 실로 하트를 수놓는다.

DIY Point

- 손바느질로 만들어지는 아이템이므로 바느질할 때는 꼼꼼하게 하고 패턴 선에 잘 맞추어야 완성했을 때 뜯어져 있는 부분이 없다.
- 재단선을 지키는 것은 필수. 재단이 삐뚤어져 있으면 완성된 모양이 예쁘게 나오지 않는다.
- 받는 이의 취향에 따라 겉감에 이니셜을 수놓거나 다양한 장식을 해보도록 하자.

여기서 구입해요

지갑을 만들 때 들어가는 원단은 동대문 종합시장 2층과 3층에, 부재료는 5층에 가면 구입할 수 있다. 동대문역 9번 출구. 오전 8시부터 오후 6시까지. 일요일 휴무.

온라인 쇼핑몰을 이용할 경우 천바다www.1000bada.com나 퀼트랜드www.quiltland.co.kr에서 패치워크 원단을 많이 판매하고 있다. 예쁜 지갑을 만들고 싶지만 솜씨가 없다면 캔디노트www.candynote.com에 들러보자. 예쁜 노트와 지갑 등을 직접 만들어 판매하는 곳으로 비즈장식 똑딱이지갑을 구입할 수 있다. 이외에도 꼼지락www.kkomzirac.com에서는 핸드메이드 지갑을 정성껏 만들어 판매한다.

절제된 고급스러움이 멋스러운 * 리본스티치 헤어밴드

리본 헤어밴드는 만들기가 간단하여 리본 공예를 처음 해보는 이들이라도 쉽게 만들 수 있다. 만들기가 간단하다고 해서 완성했을 때 평범해 보이거나 초라하지 않다. 리본 자체의 고급스러움이 멋진 작품을 만들어내기 때문이다. 헤어밴드가 너무 화려하면 유치해 보일 수도 있으므로 은근한 멋스러움과 기품이 느껴지는 소재로 만들어보자. 선물 받을 이가 긴 머리라면 청순함이 강조될 것이고 짧은 머리라면 귀여움에 힘을 실어줄 것이다.

>> 준비하기

1.5cm 프랑스 수 세줄 스티치 테이프 청지 70cm, 이빨 머리띠 검정색 1개, 1.5cm 양면테이프, 글루건, 라이터, 가위

1

>> 만들기

1 리본테이프를 10cm 정도 잘라 올이 풀리지 않도록 양끝을 라이터로 살짝 태운 다음, 양면테이프로 붙여 동그랗게 만든다. 그 다음 리본테이프를 8cm 정도 잘라서 똑같이 해준다.

2 만들어놓은 리본 2개를 겹쳐놓고 리본테이프를 3cm 정도 잘라서, 겹쳐놓은 2개의 리본 가운데를 감싸 양면테이프로 고정시킨다.

3 준비한 이빨 머리띠에 양면테이프를 붙이고 그 위에 리본테이프를 잘라 붙인다.

4 글루건을 이용하여 만들어놓은 머리띠에 2단 리본을 붙인다.

5 머리띠 양끝이 지저분해질 수 있으므로 리본테이프를 3cm 정도 잘라 머리띠 양끝을 감싸고 글루건으로 붙인다.

DIY Point

- 리본테이프는 폭이 다양한데, 헤어밴드를 만들 때는 5mm, 7mm, 10mm, 15mm 중 선택하는 것이 보통이다.
- 리본테이프를 원하는 길이만큼 잘라낸 다음 끝 부분의 올이 풀리지 않게 하기 위해 라이터로 열처리하지만 오건디나 벨벳처럼 불에 쉽게 타버리는 소재는 매니큐어로 다듬어준다.

여기서 구입해요

리본일루아www. ribbon-illua.com, 리본가게www.ribbongage.net, 인디고www.indigomall.net, 리본몰www.ribbonmall.co.kr, 리본마트www.ribbonmart.co.kr를 이용해보자. 세일코너를 잘 이용하면 저렴하게 구입할 수 있으며 리본일루아에는 리본 액세서리 DIY 강좌 코너도 마련되어 있다.

순진 보이처럼 보이시하게 * 개구쟁이 냥이쿠션

쿠션 하면 리본과 프릴로 만든 사랑스럽고 로맨틱한 쿠션을 생각하기 마련인데 그런 생각을 잠시 접어두고 장난꾸러기 쿠션을 만들어보자. 공부나 일에 지친 친구에게 선물하면 장난기 가득한 고양이 얼굴에 푸하하 웃음을 터트릴 것만 같다. 의자에 앉을 때는 편안하게 등을 받혀주고 잠깐 누워서 낮잠이라도 잘 때는 포근한 잠으로 이끌어주므로 쓰임새도 알찬 아이템이다. 동물을 좋아하는 친구에게 선물하면 더 좋아할 듯.

4

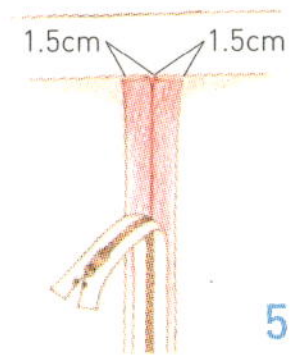

5

>> 준비하기

고양이 캐릭터 원단 1마, 테두리 원단 1마, 콘솔지퍼, 쿠션솜, 실, 바늘, 가위

>> 만들기

1 고양이 한 마리가 중앙에 오도록 하여 흰 여백을 두고 31cm×31cm 크기로 2장을 재단한다(1.5cm 시접 포함).
2 테두리 원단은 43cm×9cm를 8장 재단한다(1.5cm 시접 포함).
3 캐릭터 원단과 테두리 원단을 연결해야 하므로 시접 1.5cm 안쪽으로 겉과 겉을 마주보고 박음질한다.
4 테두리 부분이 만나는 모서리는 안쪽으로 접어 박음질한다. 모서리 네 군데를 똑같은 방법으로 박음질한다.
5 완성된 2장을 겉끼리 마주대고 콘솔지퍼를 단다.
6 나머지 세 면을 박음질한다.
7 지퍼를 열고 뒤집은 다음, 빵빵하게 솜을 넣으면 완성.

DIY Point

• 콘솔지퍼는 시접이 마주보고 있는 형태로 시접이 지퍼를 가려주어 깔끔하다. 콘솔지퍼를 달려면 원단 시접을 1.5cm씩 똑같이 주고 다리미로 다린다. 원단 위에 지퍼를 얹어 시침핀으로 고정시킨 다음 지퍼와 원단의 시접 가장자리를 맞추어 한꺼번에 박음질하면 완성!

여기서 구입해요

원단천국www.wondanck.co.kr, 하이천닷컴www.hicheon.com, 천데코www.e1000deco.com에서 캐릭터 원단을 많이 취급하고, 데이데코www.daydeco.com에 가면 개구쟁이 냥이쿠션 완제품을 살 수 있다. 사랑스러운 스타일의 쿠션을 만들고 싶다면 앤스홈www.annshome.co.kr, 올리브데코www.olive-deco.com, 위드홈www.withbedding.com 등을 이용하자.

Love

양철통에 담겨 있어 더 귀여운 * **수줍은 토끼인형**

체크무늬 리본을 달고 수줍은 듯 붉게 물든 볼이 무척이나 사랑스러운 토끼인형. 커다란 귀가 귀염성을 더한다. 손바느질로 직접 만든 인형은 어른 아이 할 것 없이 누구나 좋아하는 선물 아이템. 토끼인형만 선물해도 되지만 작은 깡통에 담아 달콤한 초콜릿이나 사탕을 함께 넣어 선물하면 특별히 기념할 만한 날에 주는 선물로도 그만이다. 양철통에 받는 이의 이름이나 힘이 되는 짤막한 글 한마디 덧붙이면 그야말로 감동의 물결이다.

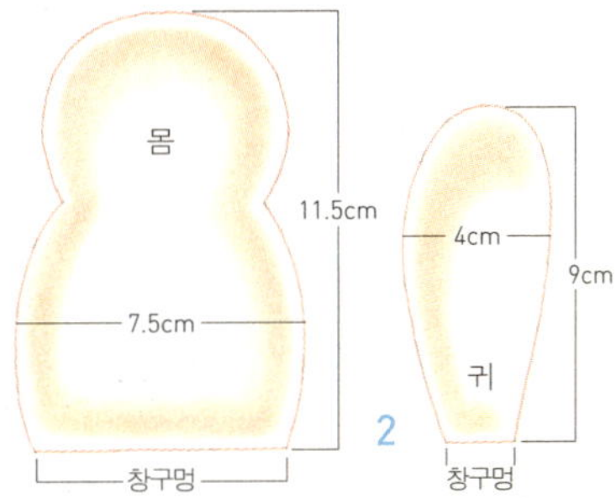

>> 준비하기

양철통, 흰색 무지 원단 1/8마, 체크무늬 리본, 단추, 아크릴물감(흰색, 빨간색, 초록색), 피그마펜, 오렌지 계열 아이섀도 또는 립스틱, 글루건, 퀼팅실, 바늘, 가위, 연필 , 면봉

>> 만들기

1 양철통에 흰색 물감을 칠한 다음, 연필로 글씨를 스케치한다. 펜으로 다시 쓰고 물감으로 하트와 잎을 그린다.

2 흰색 무지 원단을 반으로 접어 토끼 패턴을 그린 다음, 0.7cm 시접을 두고 오려낸다. 패턴의 선을 따라 창구멍을 남기고 홈질한 후, 곡선에는 가위집을 넣고 창구멍으로 뒤집는다.

3 창구멍으로 솜을 채우고, 공그르기로 마감한다.

4 토끼 귀도 몸과 같은 방법으로 해준 다음, 귀와 얼굴을 공그르기로 연결한다. 얼굴 표정은 피그마펜으로, 코는 물감으로 칠한다. 면봉에 아이섀도나 립스틱을 묻혀 볼터치한다.

5 리본을 묶어서 글루건으로 붙이거나 공그르기로 연결한다.

DIY Point

- 양철통에 물감을 칠할 때는 붓에 물을 적시지 말고 거칠게 칠해야 질감이 살아난다.
- 준비된 양철통에 완성된 토끼 인형과 사탕이나 초콜릿을 담는다.

여기서 구입해요

토끼인형은 원단이 아주 조금밖에 필요하지 않다. 이럴 때는 동대문 종합시장에 가보자. 가게마다 팔고 남은 자투리 천을 옆에 모아서 저렴하게 팔고 있다. 원단을 취급하는 온라인 쇼핑몰에서는 대부분 흰색 무지 원단을 판매한다. 시간이 없는 이를 위해서 컨츄리크래프트www.countrycraft.co.kr에서는 토끼인형 DIY 패키지와 양철통을 판매하고 있다.

025

Teddy home

교통카드와 동전만 따로 보관하는 * 미니 카드지갑

동전이 가득 들어 있어 불룩해진 지갑을 가지고 다니는 이들을 보면 왠지 불편해 보인다. 이럴 때는 자주 쓰는 교통카드나 동전만 따로 담을 수 있는 작은 카드지갑 하나 마련해보자. 토끼 모양이 귀엽고 빨간색 체크무늬가 발랄함을 더해준다. 안에는 넉넉하게 카드를 꽂을 수 있는 주머니도 여러 개 마련되어 있어 실용적이다. 예쁘게 만들어 친한 친구에게 선물해도 좋고 연인이나 젊은 선생님에게도 안성맞춤 아이템이다.

>> 준비하기

빨간색 체크무늬 원단(지갑 바탕용) 1/8마, 빨간색 무늬 원단(카드주머니용) 1/8마, 겨자색 무지 원단(토끼 배경용) 10cm×12cm, 흰색 무지 원단 10cm×10cm, 퀼팅솜 1/8마, 똑딱단추, 지퍼 10cm, 지퍼 장식, 십자수실(검정색, 빨간색), 바늘, 마분지, 가위

>> 만들기

1 원단을 다음 크기대로 그린 다음 시접 0.7cm를 두고 오린다. 빨간색 체크무늬 원단 A(11cm×18.3cm) 2장, B(11cm×1.5cm) 1장, C(11cm×8cm) 1장, D(5cm×4.5cm) 1장, 빨간색 무늬 원단 E(20cm×9.2cm) 1장을 준비한다.

2 마분지에 토끼 패턴을 옮겨 그린다.

3 흰색 무지 원단에 토끼 패턴을 올려놓은 다음 0.7cm 시접을 두고 오린다. 토끼 모양에 입체감을 주기 위해 시접 중간을 홈질한 후 마분지에 옮긴 토끼 패턴을 넣고 홈질한 부분을 잡아당겨 토끼 모양을 잡아준다.

4 3번을 겨자색 무지 원단 위에 놓은 뒤, 공그르기로 연결한다.

5 재단한 체크무늬 원단 중 A를 펴고 그 위에 4번을 올려놓은 다음 공그르기로 연결한다. 이때 퀼팅솜을 뒷면에 덧대 공그르기한 면 테두리와 토끼 주위를 검정색 십자수실로 퀼팅한다.

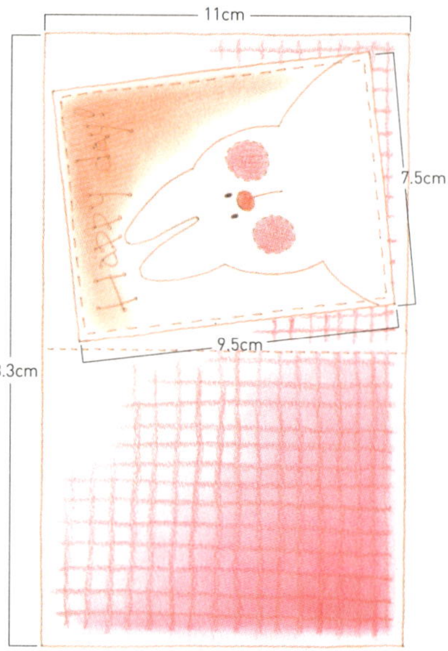

지갑 겉

1

6 글씨와 토끼 얼굴 표정을 검정색 십자수실로 수놓는다. 코는 빨간색 실로 안을 메운 다음 검정색 십자수실로 코의 테두리를 수놓는다.

7 하트 모양으로 원단을 잘라 토끼 볼에 딱풀로 붙인다.

8 B와 C에 지퍼를 달아 연결한 다음 또 다른 A에 연결한다. 이 부분은 지갑을 펼쳤을 때의 지갑 안이다.

9 E는 카드 주머니용이다. 원단을 반으로 접어 홈질한 다음 뒤집어 창구멍을 막는다.

10 8번에 9번을 자리 잡고 양옆을 공그르기로 연결한다. E가 밑에까지 내려오면(5.5cm 정도) 남은 E를 위로 접어 올려 양옆을 다시 공그르기한다. 그러면 올라온 부분이 4.5cm가 되므로 1cm 차이가 있는 계단식 카드주머니가 만들어진다.

11 완성된 지갑 앞면과 뒷면을 겉과 겉끼리 서로 맞대어 창구멍을 남기고 테두리를 홈질한다.

12 솜은 0.2cm 정도 남기고 바짝 자른 다음 창구멍으로 뒤집은 뒤 창구멍을 공그르기로 막는다.

13 지갑이 접히는 중심선을 퀼팅한다.

14 D는 똑딱단추를 다는 고리를 만드는 원단이다. D를 반으로 접어 퀼팅솜을 시접 없이 2.5cm×4.5cm를 대고 D의 시접 안으로 접어 넣어 공그르기한다.

15 완성된 지갑의 안쪽 가운데에 공그르기로 고리를 달아준 다음에 똑딱단추를 단다. 지갑 뒤쪽에도 똑딱단추를 달아야 지갑을 열고 닫을 수 있다.

16 지퍼 고리에 지퍼 장식을 달면 완성!

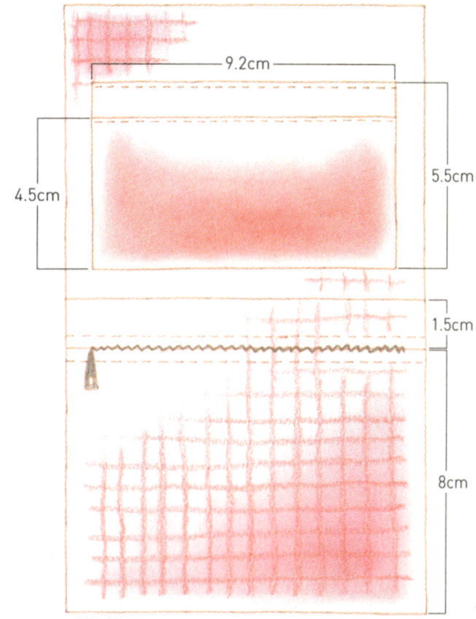

지갑 안

8

DIY Point

- 지퍼를 달 때는 시접을 안쪽으로 접은 다음 홈질한다.
- 곰돌이 패턴을 이용하면 곰돌이 모양의 카드지갑을 만들 수 있다.

여기서 구입해요

퀼트용 원단은 1/4마씩 판매하므로 동대문 종합시장에 가거나 인터넷 쇼핑몰을 이용한다. 로지퀼트www.rosyquilt.co.kr, 셀프퀼트www.selfquilt.com, 천바다www.1000bada.com, 천세상www.1000sesang.com이 대표적이다. 원단을 준비하기가 번거롭다면 컨츄리크래프트www.countrycraft.co.kr에 들러보자. 좀 더 발랄한 분위기의 지갑을 선물하려면 아트진www.artjean.co.kr을, 따뜻한 색감의 카드지갑을 선물하고 싶다면 꼼지락www.kkomzirac.com을 방문해보자.

깔끔쟁이 요조숙녀의 필수품 * 패치워크 파우치

가방 안에 립스틱, 파우더 등이 이리저리 굴러다니면 물건 하나 찾는 데도 시간이 오래 걸릴뿐더러 지저분해 보인다. 파우치는 화장품이나 여러 가지 자잘한 물건들을 넣기에 안성맞춤. 게다가 필통 대신 쓸 수도 있어 실용적이다. 마직으로 만들어 소담스러우면서도 땡땡이 무늬와 시계 무늬 원단을 매치시켜 앙증맞기까지 하다. 한 땀 한 땀 정성을 다하는 사이 어느새 우정의 깊이도 한층 더 깊어질 선물을 준비해보자.

>> 준비하기

마직 원단 1/4마, 무늬 원단 1/4마, 땡땡이 원단 1/4마, 지퍼, 끈, 나무구슬, 싸개단추, 실(분홍색, 황토색), 갈색 펠트지, 바늘, 가위

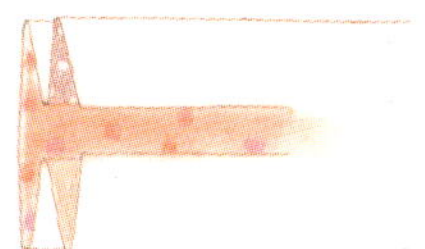

3

>> 만들기

1 마직 원단은 20cm×7.5cm, 무늬 원단은 20cm×11.5cm, 땡땡이 원단은 20cm×9cm, 안감용 원단은 20cm×24cm 크기로 오려낸다. 재단한 마직 원단, 무늬 원단, 땡땡이 원단을 시접 1cm 안쪽으로 박음질하여 연결한다.

2 마직 원단과 땡땡이 원단 사이에 지퍼를 달고, 펠트지를 3cm×1cm 크기로 2장 잘라 양쪽 끝 중앙에 박음질한다.

3 이제 양쪽을 마무리할 차례. 그림과 같이 양쪽을 접어준 다음 박음질한다.

4 지퍼로 뒤집는다. 지퍼에 나무구슬을 달고 마직 원단 아래쪽에 수를 놓은 다음 싸개단추를 단다.

DIY Point

- 패치워크를 할 때는 앞면의 조각을 걸끼리 맞대어 박은 다음 시접을 잘라 다린다. 패치워크하기가 어렵다면 패치워크 모양 원단을 사용하는 것도 요령.
- 싸개단추를 만들려면 단추 지름보다 1.5~2cm 정도 크게 원단을 오려낸 다음 홈질한다. 그 안에 단추를 넣고 홈질한 부분을 실로 잡아당겨 오므린다. 다시 한두 번 꿰매면 완성!

여기서 구입해요

마음은 있으나 솜씨가 없다면 캔디노트www.candynote.com에 들러보자. 예쁜 노트와 지갑 등을 직접 만들어 판매하는 곳으로 예쁜 모양의 패치워크 파우치를 구입할 수 있다. 꼼지락www.kkomzirac.com에서도 따뜻하고 컨트리 스타일의 파우치를 판매한다.

027

Homestead's

톡톡 튀는 발랄함과 실용성이 가득 *

깜찍 발랄 양면토트백

토트백은 격식을 갖춘 정장 차림을 제외하고는 어떤 옷차림이든 멋지게 소화하는 패션 소품이다. 캐주얼한 청바지와 티셔츠 차림에 코디하면 발랄함을 한층 강조하고 내추럴한 긴 스커트 차림에는 소녀 같은 이미지를 풍긴다. 친구 생일이나 특별한 날 그애에게 어울리는 원단을 골라 토트백을 만들어보자. 평상시 친구의 패션을 더욱 돋보이게 할 것이다. 안감, 겉감을 모두 활용할 수 있는 양면토트백이어서 기분이나 패션에 따라 골라 드는 재미가 있다.

>> 준비하기

아이보리색 옥스퍼드지 1/2마, 프린트된 원단 1/2마, 무늬가 예쁜 원단, 십자수실, 바늘, 가위

>> 만들기

1 옥스퍼드지와 프린트된 원단을 각각 34cm×30cm 크기로 2장씩 자른다. 이때 시접은 양옆과 아래쪽에 1cm, 위쪽은 2cm를 둔다.

2 손잡이를 만들기 위해서 프린트된 원단을 12cm×40cm 크기로 2장을 오린다. 12cm 쪽을 반으로 접었다가 다시 펴면 중앙선이 표시된다. 중앙선을 중심으로 양쪽에서 반씩 접은 다음, 중앙선을 접으면 4cm 폭의 손잡이끈이 만들어진다. 그 상태에서 0.1cm 안쪽으로 박음질한다.

3 무늬가 예쁜 원단에 나비, 고양이, 꽃 등 원하는 모양을 그린 후 오린다.

4 옥스퍼드지 위에 모양을 내서 잘라놓은 원단을 올려놓고 박음질한다. 모양을 내서 붙인 원단 주위를 분홍색 십자수실로 듬성듬성 홈질한다.

5 옥스퍼드지를 겉끼리 마주하고 양옆선과 아랫부분을 박음질한다.

6 프린트된 원단도 5번과 똑같이 박음질한다.

2

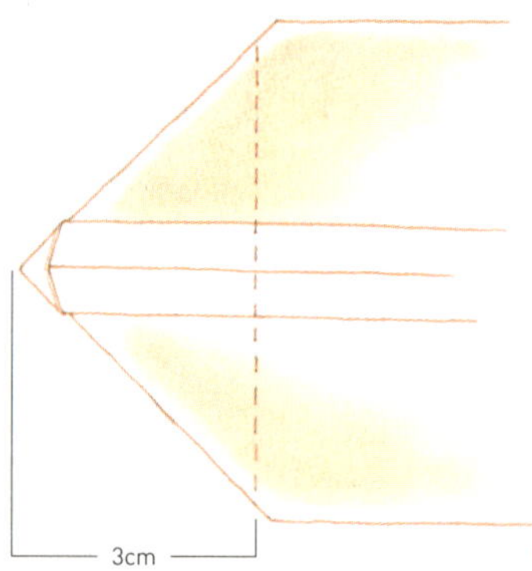

7

7 옥스퍼드지 바닥의 모서리 부분을 3cm 높이의 삼각형으로 접어 박음질하고 남은 시접은 잘라낸다.

8 프린트된 원단도 똑같이 박음질한다.

9 옥스퍼드지를 뒤집어 겉이 나오게 하고 프린트된 원단도 겉이 보이도록 해서 옥스퍼드지 안에 집어넣는다.

10 옥스퍼드지와 프린트된 원단을 연결하면 되므로 가방 윗부분의 시접을 2cm 안쪽으로 넣고 손잡이가 될 부분을 정한 다음 박음질한다. 이때 정확한 위치에 촘촘히 박음질해야 튼튼한 가방이 만들어진다.

DIY Point

- 양면토트백이어서 겉감과 안감이 모두 중요하므로 재단을 정확히게 하고 바느질을 꼼꼼하게 해야 가방 모양이 예쁘게 만들어진다.
- 손잡이를 가죽 제품으로 부착하면 또 다른 느낌의 토트백이 만들어진다.
- 바닥의 가방 디자인을 결정짓는 것은 손잡이의 길이와 바닥의 모서리 부분이다. 이 두개의 밸러스를 바꾸는 것만으로 모양과 쓰임새가 전혀 다른 가방이 완성된다.
- 옥스퍼드지와 캔버스천으로 가방을 만들면 물건을 넉넉히게 담을 수 있고 편히게 들고 다니기에도 좋다. 조직이 촘촘하고 튼튼해서 무거운 짐을 담아도 모양이 쉽게 변하지 않는다.

여기서 구입해요

국내 최대 원단시장인 동대문 종합시장 2층과 3층이나 온라인 쇼핑몰에서 원단을 구입한다. ebulwww.ebul.co.kr, MODERN1000www.modern1000.com, 싸다천www.ssada1000.com, 하이천닷컴www.hicheon.com, 천바다www.1000bada.com, 도로시샵www.dorocshop.com에 들러보자. 깜찍 발랄한 양면토트백을 포함하여 아기자기한 가방과 파우치, 두건, 스카프 등을 만들어 판매하고 있다. 대지두마리www.two-pigs.com와 마블리쉬www.marvelish.com에서도 다양한 스타일의 핸드메이드 토트백을 판매한다.

단짝친구끼리 같이 하면 더욱 예쁜 * 토끼 머리방울

머리방울은 긴 머리카락을 하나로 혹은 반으로 묶거나 양갈래로 땋아 내렸을 때 장식하기에 아주 좋다. 이때 값비싼 비즈들이 알알이 달려 있는 것보다는 귀엽고 깜찍한 토끼 머리방울로 예쁘게 꾸며보자. 토끼 캐릭터가 너무 귀여워 한 번쯤 깨물어주고 싶은 아이템이다. 모양이 예쁘고 만들기도 간단해서 어설픈 솜씨로 예쁘게 만들기에는 이만한 것이 없다. 두 개 혹은 여러 개 만들어 단짝친구끼리 하나씩 나눠 가지면 더욱 의미 있을 것이다.

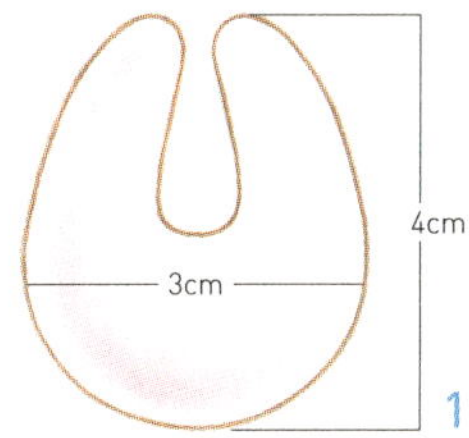

>> 준비하기

파스텔톤의 원단 조각 2장, 퀼팅솜, 바늘, 십자수실(보라색, 분홍색, 하늘색, 흰색), 매직펜, 민자드라이버, 오렌지 계열의 아이섀도, 머리끈, 가위, 마분지

>> 만들기

1 마분지에 토끼 패턴을 따라 그려서 오려낸다.
2 원단 뒷면에 패턴을 대고 매직펜으로 그린 다음, 시접 0.5cm를 남기고 2장을 오린다.
3 패턴을 따라 박음질한다. 이때 창구멍을 남겨야 하는데 토끼 귀와 볼 사이에 1cm 정도 남기고 중간중간 가위집을 준다.
4 창구멍으로 뒤집고 솜을 넣은 다음, 감침질로 마감한다.
5 매직펜으로 토끼 얼굴에 표정을 그리고, 십자수실로 선을 따라 수를 놓는다.
6 토끼 뒷면에 바느질로 머리끈을 붙인다.
7 아이섀도를 이용해 볼터치를 해서 완성한다.

DIY Point

- 바느질을 촘촘하게 할수록 완성했을 때 모양이 예쁘다.
- 매직펜은 물로 지우면 지워지므로 실수할 경우 물을 묻혀 수정한다.
- 창구멍이 작으므로 솜을 넣을 때는 손 대신 민자드라이버나 송곳 등 뾰족한 것을 사용한다.

여기서 구입해요

원단은 파스텔 계열에 잔잔한 무늬가 있는 것이면 된다. 원단을 구입해야 할 경우에는 동대문 종합시장 2층과 3층에 가면 각 가게마다 자투리 원단을 저렴하게 팔고 있으므로 이용한다. 동대문역 9번 출구. 오전 8시부터 오후 6시까지. 일요일 휴무. 매직펜은 화방이나 문구점에서 구입할 수 있다. 만드는 데 자신이 없다면 캔디노트www.candynote.com에 들러보자.

선물을 한층 더 빛나게 만드는 나만의 포장법

패브릭을 활용한 동전지갑 포장

동전지갑처럼 포장하기 곤란한 선물은 상자에 담아 포장하는 것이 가장 좋다. 너무 심심할 수도 있으므로 동전지갑을 만들고 남은 패브릭이나 무늬가 귀여운 원단을 살짝 덧대면 센스 있는 선물이 된다.

>>**준비하기**

상자, 포장지, 자투리 패브릭, 가죽끈, 물고기 모양 장식, 가위, 양면테이프

>>**만들기**

1 동전지갑을 상자에 넣는다.
2 포장지를 재단한 다음, 오른쪽 세로선을 1cm 안쪽으로 접어 양면테이프를 붙여 놓는다.
3 상자를 한 번 뒤집어 포장지로 덮고 양면테이프로 고정시킨다.
4 이제 아래와 위를 마무리할 차례. 시접선이 있는 쪽의 포장지를 직각으로 접은 다음 좌우를 45도 각도로 정확하게 접는다.
5 양옆이 Y자가 되도록 선을 맞추고 남는 시접을 안쪽으로 접어 양면테이프로 고정시킨다.
6 패브릭으로 한 번 감싼다.
7 가는 가죽끈으로 묶은 다음 예쁜 장식으로 마감한다.

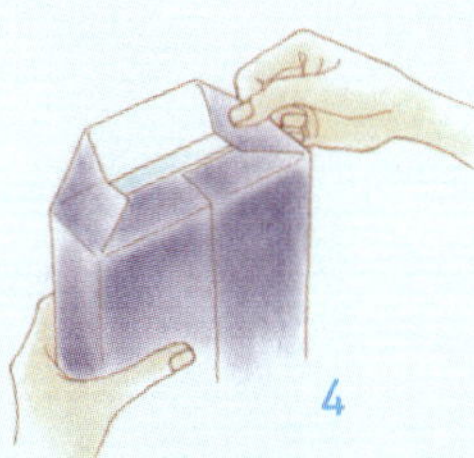

4

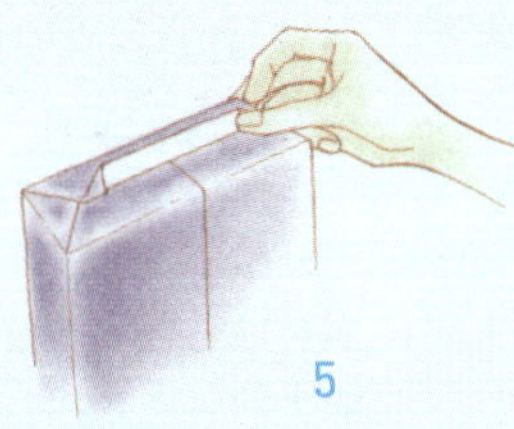

5

personne qui l'obtient si.. de
soyez mis est grand dans la
tel qu'une brosse, aussi.
Par exemple, c'est naturel, le
fait de la terre-cuite et l'arbre,
pour lequel le vent simple est
est choisi, et essaie de présenter
fait associez un animal africain et
bon marché pour laquelle
et est ajoutée diversement.
pour être produit même dans la
quelques budgets quand
Et, l'émotion profonde de
la belle couleur et ainsi de
poudre et les produits de
La Lettre De Merci, L'exp
Joie Que La Sensation Réel
partenaire, et le présent
qu'un partenaire décide
qui bien sûr une famille
La production qu'il a été consacré au
paquet trop est inutile. C'est suffisant si un
noeud du papilion peut être fait. La matière
Les habitudes alimentaires
composition de chaque
vic..grandement,aussi.
Quel genre d'habitudes
l'information rassembler est
signification si ce n'est pas
la chose qu'il a aimé par
au partenaire. L'oeil qui a
un partenaire sent avec
est nécessaire pour la

쿠키통을 재활용한 헤어밴드 포장

헤어밴드처럼 동그란 모양의 선물은 동그란 통에 담아 선물해보자. 동그란 통을 살 수도 있지만 굳이 사기보다는 쿠키통이나 사탕통을 재활용하면 경제적이다. 통 표면을 영자신문으로 붙여보자. 훌륭한 선물상자로 변신한다.

>>준비하기

원 모양의 통, 플라스틱 버클 장식의 밴드, 딱풀, 가위

>>만들기

1 원 모양의 통을 준비한다.

2 겉면을 감싸야 하므로 적당한 크기로 영자신문지를 재단해 놓는다.

3 영자신문지에 풀을 칠하고 통의 겉면에 붙인다.

4 플라스틱 버클 장식 밴드를 상자 중앙에 둘러준다.

tip

플라스틱 버클 장식은 동대문 종합시장에서 구입할 수 있다.

Plus Page

솜씨가 2% 부족할 때! 사서 주는 베스트 선물 아이템

친구 사이에는 생일이나 무슨무슨 날이 아니더라도 선물을 자주 주고받는다. 비싸거나 거창하지는 않지만 주고받을 때마다 가슴 설레고 푸하하 웃음이 터져 나올 것만 같은 기분이 좋아지는 그런 선물 말이다. 친구끼리 웃음이 더 많아지라고, 지금보다 더 깊은 우정 간직하라고 귀엽고 깜찍한 선물들만 모아놓은 선물가게를 소개한다.

레이지핑크 www.lpink.co.kr

웰빙을 실천하는 토털 쇼핑몰

각종 생활용품, 기발한 다이어리 노트를 비롯한 디자인 문구, 선물세트, 파티용품, 서적, 꽃, 사무용품, 장난감, 인테리어 상품 등 생활에 필요한 예쁘고 감각적인 상품만을 모아놓은 곳. 특히 홍대 앞 매장에서는 천연비누 만들기 공간과 천연 유기농 재료 체험 공간이 있어 요즘 트렌드인 웰빙을 직접 경험할 수 있다. 사이트에 가면 천연비누를 만들 수 있는 동영상을 보여주고 있어 또 다른 볼거리가 된다. 자신을 소중히 여기고 웰빙을 실천하는 친구에게 좋은 선물이 될 듯하다.

1300K www.1300k.com

감각은 필수, 깜찍함은 기본

대학로, 홍대 앞, 코엑스몰, 강남역, 압구정동 등 오프라인 매장과 온라인 매장을 함께 보유하고 있는 디자인 쇼핑몰. 디자인 쇼핑몰답게 감각은 필수요 깜찍함은 기본이다. 친구 사이에 가장 비밀스러운 선물은 교환일기장이 아닐까? 예쁜 하드커버 노트에 스탬프와 색색의 펜으로 꾸며서 장식하면 그보다 더 우정이 돈독해지는 선물은 없을 듯하다. 파스텔톤의 문구류와 귀엽고 앙증맞은 소품들이 가득한 곳.

마이두비 www.mydoob.com

생활에 활력을 주는 특별한 선물

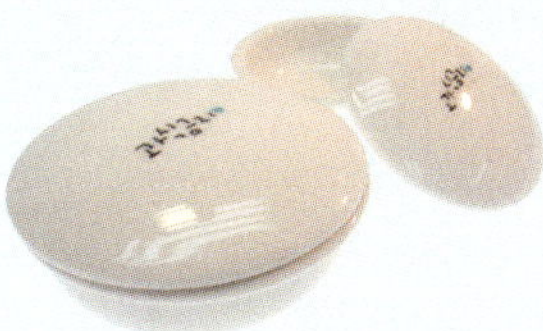

동네 슈퍼에서는 절대 살 수 없는 예쁜 것들만 판매하는 곳. 정말 재미있고 유쾌하고 기분이 좋아지는 제품들만 모아놓았다. 신제품, 벼룩시장, 인기제품, 두비의 추천 제품이 나누어져 있어 선물을 고르기가 편리하다. 벼룩시장에서는 50퍼센트 이상 할인해 주기도 한다

dcx www.dcx.co.kr

독특하고 새로운 디자인, 부담없는 가격

윤디자인연구소 업체인 만큼 누구도 따라오지 못할 정도의 참신하고 개성 있는 디자인을 자랑한다. 과연 디자인 집합소라고 말할 정도. dcx outlet 코너를 이용하면 예쁘고 실용적인 아이템들을 저렴한 가격에 구입할 수 있다. 재기발랄하고 젊은 감각의 아이템들이 무궁무진하다. 문구류, 패션 소품 등 추천할만한 우정 선물이 많다.

디아이와이하우스 www.diyhaus.com

디아이와이에 관한 모든 것

가죽, 패브릭, 손뜨개, 퀼트로 만들 수 있는 반제품과 완제품을 살 수 있는 곳. 쇼핑몰 이름처럼 DIY에 관한 모든 제품을 취급하고 있다. 색감이 따뜻한 가죽 가방, 손으로 뜬 모티브 손가방, 여권지갑 등 제품이 다양하고 예쁘다. 반제품을 사서 친한 친구에게 만들어주면 좋아할 것 같다.

PART 4 >>

to my parents & teacher

고마운 마음을 전하는 감사의 선물 DIY

언제나 든든한 울타리가 되어주는 부모님과 스승님께 드리는 감사의 선물을 모았다. 형식적인 선물보다는 존경과 감사의 마음을 담아 예쁘고 실용적인 선물을 만들어보자. 한 땀 한 땀 정성을 다해 꿰매고 자르는 동안 감사와 존경의 마음은 더 커질 것이다. 하지만 기억하자. 따뜻한 말 한마디나 존경하는 마음보다 더 가치 있는 선물은 없다는 것을……

029

가볍고 따뜻하게, 우아하고 품위 있게 * 색감 좋은 양모목도리

목도리는 따뜻한 겨울을 보내기 위한 필수 아이템. 늦가을부터 멋스럽게 착용할 수 있는 양모펠트 목도리를 만들어보자. 색이 예쁘고 따뜻해서 나이를 불문하고 누구나 다 좋아하지만, 양모는 소재 자체가 가벼워서 연배 있는 분들에게 특히 인기만점이다. 부모님 생신 선물이나 선생님 선물로도 좋고, 남자친구 어머니 생신 때 직접 만든 양모목도리를 선물하면 좋아할 것이다.

>> 준비하기

분홍색 계열 양모(s-025) 30g, 주황색 계열 양모(s-017) 15g, 연분홍색 계열 양모(s-032) 10g, 회색 계열 양모(s-039) 10g, 망사, 비눗물, 타월, 다리미

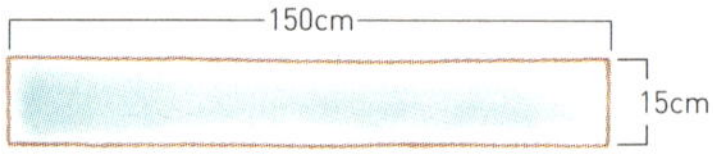

1

>> 만들기

1 종이에 150cm×15cm를 그려 도안을 준비한다.

2 도안 위에 망사를 올려놓는다. 망사 크기는 170cm×145cm 정도면 된다.

3 이제 망사 위에 양모를 깔 차례. 양모를 깔 때는 가로, 세로 방향으로 원하는 횟수만큼 깔아준 다음, 맨 위에 무늬로 놓을 양모를 뜯어 깔면 된다. 150cm를 3등분하여 1/3은 s-017을 깔고 나머지 2/3는 s-025를 가로로 한 번 전체적으로 깐 다음 세로로 다시 한 번 깔아준다.

4 3번을 2회 더 반복한다.

5 s-017 부위에는 s-039를 손바닥 반원 크기로 2단 깔고, s-025 부위에도 s-017, s-032를 손바닥 반원 크기로 2단을 깔아준다. 보기 좋게 배열하면 된다.

6 양모시트 위에 망사를 올려놓고 전체를 감싼다. 도안 위에 망사, 양모, 망사 순서로 오게 한다. 이때 각이 꺾이지 않도록 주의한다.

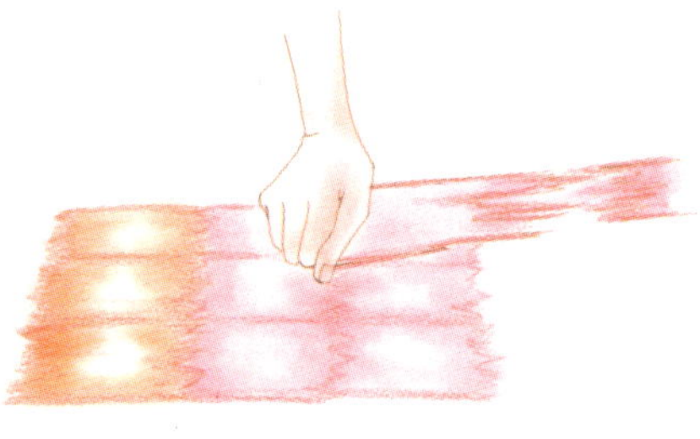

3

7 40~50도 정도의 따뜻한 물 500cc를 준비하여 비누를 4~5g 정도 넣고 비눗물을 만든다.

8 망사로 덮은 양모시트를 향해 가장자리부터 중앙 쪽으로 비눗물을 뿌린다. 비눗물을 뿌릴 때는 스프레이를 이용하거나 손으로 뿌린다.

9 비눗물이 스며들도록 10~20분 정도 기다렸다가 양모시트를 돌려가면서 골고루 비빈다. 이때 망사와 양모가 붙지 않도록 망사를 자주 열어보고 펠트가 되는 과정을 확인한다. 손의 마찰이 많은 부분은 펠트가 빨리 진행되므로 형태를 확인하면서 골고루 문지른다. 비비고 나서 목도리 양끝 부분을 1.5cm 간격으로 7cm 정도 가위집을 낸다. 그런 다음 다시 비빈다.

10 양모시트가 펠트화되면 미지근한 물에 담가 손으로 조물조물 깨끗하게 헹군다. 마찰을 심하게 주면 계속해서 펠트화가 진행되므로 살살 문지른다.

11 찬물에서 비눗물이 안 나올 때까지 깨끗이 헹구다가 마지막 헹굴 때 식초 4~5방울을 떨어뜨려 빤다.

12 헹군 양모시트를 꼭 짠 다음 마른 타월로 감싸 눌러서 물기를 제거한다.

13 적당히 물기가 제거된 양모시트를 형태를 잡아주며 다리미로 다려 모양을 고정시킨다. 다림질할 때 모양을 다듬으면서 다리면 완성했을 때 더 예쁜 목도리가 만들어진다.

14 다림질로 적당히 물기를 없앤 양모시트를 통풍이 잘 되는 곳에서 건조시킨다.

DIY Point

- 도안 위에 망사를 올려놓는 이유는 망사를 올려놓으면 작품을 이동하기가 편리하기 때문. 망사 대신 모기장을 이용해도 상관없다.
- 양모를 깔 때는 빈틈없이 전체를 고르게 깔아야 완성했을 때 고르고 예쁘게 나온다.
- 비눗물을 만들 때는 물과 비누의 비율을 500cc대 4~5g 정도로 한다. 비누는 약알칼리성 비누로 기포가 적은 것, 표백제나 색소가 첨가되지 않은 천연비누를 사용하는 것이 좋다. 샴푸나 식기용 중성세제를 사용해도 무방한데, 중성세제를 사용할 때는 500cc의 따뜻한 물에 중성세제를 1~2티스푼 정도 넣는다. 중성세제는 비누보다 거품이 많이 생기고 펠트화되는 시간도 좀 더 길다.
- 양모시트를 찬물로 헹굴 때 마지막에 식초를 떨어뜨리는 이유는 비누가 알칼리성이므로 양모에 알칼리성이 묻은 것을 중화시켜 비누를 제거하기 위함이다.

여기서 구입해요

동대문 종합시장 5층에 가면 갖가지 펠트 관련 재료와 완제품을 구입할 수 있다. 그 중에서 펠트하우스www.feltdesign.co.kr는 양모목도리를 만들 수 있는 모든 재료와 완제품을 판매한다. 동대문역 9번 출구. 오전 9시 30분부터 오후 6시까지. 일요일 휴무.

ITRON TEA
esh & natural

상큼달콤한 맛있는 선물 * 딸기잼과 유자차

선생님이 가장 받고 싶어하는 선물은 직접 만든 음식이라고 한다. 기성품과는 또 다른 맛과 향이 느껴질 뿐만 아니라 값으로 따질 수 없는 정성과 사랑이 담겨 있기 때문이란다. 봄의 입구에서 담근 달콤한 딸기잼과 가을의 문턱에서 마시는 유자차는 피곤한 몸과 마음을 달래주기에 충분하다. 과일의 향기가 풀풀 살아 있는 선물을 만들어보자. 적은 수고로 폼 나고 맛있는 선물이 완성된다. 과일이 그대로 들여다보이는 유리병에 담아 예쁘게 포장하면 상큼한 과일을 입 속에서 느끼기 전에 눈이 먼저 즐거워질 것이다.

딸기잼만들기

>> 준비하기

딸기 1kg, 사과 또는 오렌지주스 약간, 설탕 250g, 물 3큰술, 빈 유리병, 냄비, 라벨, 조각천, 핑킹가위, 고무밴드, 끈

>> 만들기

1 잘 익은 딸기를 골라 깨끗하게 씻어 꼭지를 따 놓는다.
2 냄비에 딸기와 물, 설탕, 사과 한쪽을 넣고 약한 불에서 끓인다. 바닥에 눌지 않도록 주걱으로 잘 저어야 한다. 이때 생기는 거품은 완전히 걷어낸다.
3 주걱으로 떴을 때 주르륵 흐르다 멈추면 불을 끄고 완전히 식을 때까지 둔다.
4 빈 유리병을 준비하여 열탕 소독해 놓는다.
5 직접 만든 라벨이나 기성 라벨을 준비하여 병에 붙인다.
6 미리 만들어놓은 딸기잼을 보기 좋게 담는다.
7 조각천을 뚜껑의 지름보다 두 배 정도 크게 하여 정사각형으로 자른다. 천 가장자리는 핑킹가위로 정리한다.
8 병뚜껑을 닫은 상태에서 천을 씌우고 고무밴드로 고정시킨다.
9 끈으로 리본을 만들어 마무리한다.

DIY Point

- 딸기는 껍질이 얇아 상하기 쉽고 과육이 부드러우므로 흐르는 물에 가볍게 씻는 것이 좋다. 30초 이상 물에 담가두면 비타민C가 물에 녹아 빠져나온다.
- 딸기잼을 만들 때 사과나 오렌지주스 대신 레몬즙을 넣어도 된다. 레몬을 넣어 만든 딸기잼은 보존성이 뛰어나고 맛과 향기와 빛깔도 더 좋다. 딸기에 들어 있는 천연색소 안토시안이 레몬에 들어 있는 산과 만나 훨씬 더 고운 붉은 빛을 띠기 때문이다.

유자차 만들기

>> 준비하기

유자, 설탕, 빈 유리병, 조각천, 핑킹가위, 고무밴드, 비즈, 색 시트지, 끈

>> 만들기

1 유자 표면에 이물질이 남아 있지 않도록 소금으로 닦아 흐르는 물에 깨끗하게 씻는다.
2 유자를 반으로 썰어 씨를 완전히 빼내고 껍질째 얇게 썰어놓는다.
3 소독된 유리병이나 항아리에 유자를 1cm 정도 깔고 설탕을 뿌린다. 이렇게 유자 한 층, 설탕 한 층 번갈아가면서 쌓은 다음에 맨 위에는 설탕을 두껍게 덮어 막아놓는다.
4 한 달 가까이 숙성시킨다.
5 빈 유리병을 준비하여 열탕 소독해 놓는다.
6 색색의 시트지를 여러 폭으로 길게 자른다.
7 시트지를 병 둘레에 둘러 장식하고 라벨을 붙인다.
8 조각천을 뚜껑의 지름보다 두 배 정도 크게 하여 정사각형으로 자른다. 가장자리는 핑킹가위로 정리한다.
9 병뚜껑을 닫은 상태에서 천을 씌우고 고무밴드로 고정시킨다.
10 고무밴드 위에 비즈를 여러 알 끼운 끈을 둘러서 마무리한다.

DIY Point

- 유자차 1리터를 만들려면 유자가 2~3개가 필요하고 유자와 설탕 비율은 1대 1로 한다.
- 과육 속에 있는 씨를 잘 빼내야 맛있는 유자차가 만들어진다. 씨가 들어가면 쓴맛이 돈다.

딸기와 유자 이야기

과일은 제철 과일을 먹는 것이 가장 좋은데, 딸기 제철은 늦봄에서 초여름이다. 제철 과일 중에서도 맛있는 딸기를 고르려면 몇 가지 요령이 필요하다. 꼭지는 마르지 않고 진한 푸른색을 띠는 것이 맛있다. 잘 익은 딸기는 붉은색이 꼭지 부분까지 잘 퍼져 있으며 윤기가 흐른다. 딸기 크기는 손가락 두 마디 정도로 적당해야 한다.
유자의 제철은 11월이다. 유자에는 감기 치료에 좋은 비타민C가 사과의 25배나 들어 있고 껍질은 뇌졸중 예방에 효과적이다. 유자의 쓴맛 성분은 항암 효과까지 있으며, 유자를 즐겨 먹으면 피로 회복, 노화 방지, 피부 미용 등에 아주 좋다.

031

고급스러움과 화려함이 눈부신 * 럭셔리 비단노트

노트를 고급스러운 비단으로 커버링했다. 탄성이 터져 나올 정도로 색이 곱고 예쁠 뿐만 아니라 비단으로 커버링한 노트는 거의 없어서 고급스러움에 희소성까지 부여한다. 특히 기본색과 잘 어울리는 비단의 매치는 럭셔리한 독특함으로 눈길을 끌기에 충분하다. 비단노트를 더욱 빛내주는 포인트는 화사한 색색의 매듭 장식. 이처럼 럭셔리한 선물은 선물 받는 이를 소중히 여기고 있다는 마음까지 담겨 있어서 선생님 선물로 안성맞춤이다.

>> 준비하기

비단, 마분지, 속지, 매듭, 양면테이프, 본드, 가위

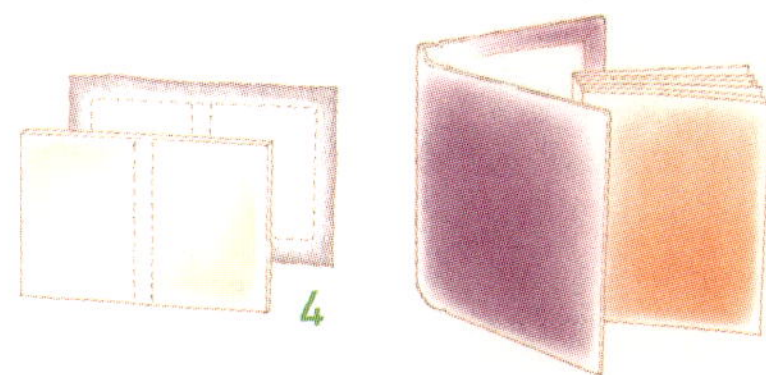
4 6

>> 만들기

1 마분지를 속지보다 0.5cm씩 크게 오린다.
2 책등 부분은 칼집을 살짝 넣어서 접기 쉽게 준비한다.
3 비단은 올이 쉽게 풀리기 때문에 시접을 3cm 정도 넉넉하게 두고 오린다.
4 양면테이프를 이용하여 비단을 마분지에 붙인다. 두께감이 있는 테이프로 붙이거나 얇은 누빔지를 넣으면 푹신푹신해진다.
5 겉표지 위에 매듭을 붙인다. 겉표지를 장식하고 싶을 때는 반드시 속지를 붙이기 전에 한다.
6 지금까지 준비한 겉표지와 속지를 본드로 붙인다. 만약 잘못 붙였을 경우에는 본드가 마르기 전에 재빨리 수정한다. 본드 대신 양면테이프를 사용해도 되지만 양면테이프는 한번 붙으면 좀처럼 떨어지지 않기 때문에 수정하기가 어렵다.

DIY Point

- 비단을 마분지에 붙일 때 양면테이프 대신 3M 스프레이를 사용해도 된다.
- 비단은 고급스러운 원단이므로 조심해서 다룬다. 특히 비단에 본드가 묻으면 지워지지 않으므로 손에 본드가 묻어 있는 상태에서는 절대로 비단을 만지지 않는다.
- 겉표지와 속지를 본드로 붙일 때 얇은 페인트붓을 이용해도 좋다.

여기서 구입해요

묘규방www.myokyubang.com, 우리규방www.woorikyubang.com에서는 비단, 부자재, 매듭 등을 판매한다. 비단은 1/4마씩 판매하므로 필요한 수량만큼 구매하면 된다. 속지는 핸드메이드 노트 전문 쇼핑몰 프리크리www.frecre.co.kr에서 신청할 수 있다.

햇살 가득한 오후 홍차 한잔과 어울리는 쿠키 * 허니 마들렌

'근엄하면서도 수줍은 스커트 주름에 싸여 그토록 풍만하고 육감적인 작은 조가비 모양의 과자, 마들렌.' 『잃어버린 세계를 찾아서』의 작가 마르셀 푸르스트의 말이다. 생긴 모양도 모양이지만 한 입 베어 먹는 순간 부드럽고 촉촉한 느낌이 입 안 가득 퍼져 잠깐이나마 행복감을 느끼게 해준다. 기성품처럼 모양이 똑 떨어지지 않고 어딘가 좀 어설퍼 보여도 만든 이의 정성과 마음까지 함께 요리된 쿠키는 따뜻하고 깊은 맛이 있다.

>> 준비하기

달걀 2개, 설탕 85g, 소금 1g, 꿀 5g, 베이킹파우더 3g, 밀가루 90g, 녹인 버터 100g, 마들렌틀, 볼, 고무주걱, 체, 짤주머니, 거품기

>> 만들기

1 마들렌틀에 버터를 칠해서 준비해 놓는다.
2 버터는 전자레인지에 돌리거나 중탕해서 녹인다.
3 밀가루와 베이킹파우더를 같이 체친다.
4 볼에 달걀과 설탕을 넣어 섞은 다음 거품기로 젓는다.
5 4번에 꿀, 소금, 녹인 버터 순서로 넣고 젓는다.
6 체를 쳐 놓은 밀가루와 베이킹파우더를 5번에 넣고 섞은 다음 20분간 냉장고에서 휴지시킨다.
7 휴지가 끝난 6번을 꺼내 짤주머니에 넣고 마들렌틀에 채운다. 이때 2/3만 채워야 반죽이 넘치지 않는다.
8 예열해놓은 오븐에 12분에서 15분 정도 굽는다.

DIY Point

- 마들렌은 온도에 민감하므로 예열을 잘하는 것이 중요하다. 오븐에 굽기 전에 160~170도 정도로 예열을 해놓자.
- 짤주머니가 없다면 짤주머니 비슷하게 만들어보자. 두툼한 설탕봉지를 버리지 말고 반죽을 넣고 각이 진 곳을 가위로 자르면 간단한 짤주머니 완성! 마요네즈나 케첩 용기를 짤주머니 대신 사용해도 된다. 예쁜 별모양으로 나와서 모양을 낼 때 사용하면 좋다.
- 만약 마들렌틀이 없다면 머핀컵으로 대신할 수 있다.
- 반죽할 때 레몬껍질을 넣으면 레몬향이 가득한 레몬 마들렌이 된다.

여기서 구입해요

브레드가든www.ibreadgarden.com, 유어디시www.urdish.com, Cake Plazawww.cakeplaza.co.kr를 이용해보자. 세일기간이나 중고상품전을 이용하면 기구나 재료 등을 저렴하게 구입할 수 있다.

Lait Corporel
Body Lotion
Chèvrefeuille

피부 건강에 좋은 것만 골라 뽑아 만든 * 진주 금비누

자연의 재료로 만든 천연비누는 피부 상태에 따라 알맞은 기능성 비누를 만들 수 있을 뿐만 아니라 자극이 없고 보습력이 뛰어나다. 또한 라벤더, 로즈마리 등 몸에 좋은 첨가물을 넣을 수 있다는 것이 장점. 부모님께는 노화 방지 탄력 비누를, 선생님께는 콜라겐 비누나 탄력 강화 비누를, 남선생님이라면 셰이빙 비누도 무난하다. 어버이날과 스승의 날, 유난히 깊어 보이는 주름을 펴주고 피부를 맑게 가꿔주는 진주 금비누를 만들어서 선물해보자.

>> 준비하기

베이스오일, 가성소다 용액, 첨가물(진주가루 10g, 일랑일랑 아로마 에센셜오일 14ml), 금가루, 핸드블렌더, 비누틀, 온도계, 스테인리스 용기, 유산지 또는 비닐

>> 만들기

1 베이스오일을 스테인리스 용기에 담아 45~55도로 가열한다.
2 미리 준비해둔 가성소다 용액의 온도를 45~55도 정도로 맞춘 뒤 베이스오일에 가성소다 용액을 붓는다.
3 핸드블렌더로 저어서 5~15분 안에 트레이스 상태가 되면, 진주가루와 일랑일랑 아로마 에센셜오일을 넣고 살살 젓는다.
4 표면에 자국이 선명하게 생기면서 비누화가 진행되면 비누틀(빈 우유팩 가능)에 유산지나 비닐을 깔고 부은 다음, 비누틀을 랩이나 비닐로 덮은 뒤 타월로 감싼다.
5 1~2일 후에 비누틀에서 비누를 꺼낸 뒤 원하는 크기로 자르고 금가루를 뿌린다. 서늘한 곳에서 4~6주 동안 숙성시킨다.

DIY Point

- 진주 금비누를 만들려면 코코넛오일 300g, 팜오일 200g, 올리브오일 100g, 달맞이꽃 종자유 80g, 윗점오일 50g, 로즈힙씨드 오일 75g, 대마씨유 70g을 섞어서 베이스오일을 만든다.
- 가성소다는 베이스오일과 반응하여 비누를 만들어내는 가장 중요한 재료다. 가성소다 용액을 만들 때는 반드시 증류수에 가성소다를 넣어야지 반대로 하면 폭발할 소지가 있다. 여기서는 증류수 220g에 가성소다 117g을 섞어 용액을 만든다.
- 트레이스 상태란 크림수프 정도의 상태를 말한다.

여기서 구입해요

온라인 쇼핑몰 로얄네이처www.royal-nature.com, 마블솝www.marblesoap.co.kr, 솝아트피아www.soapartpia.com 사이트에서 키트제품을 준비해놓고 있다. 진주 금비누는 로얄네이처에 가면 완제품을 구입할 수 있다.

장미향처럼 진하고 오래도록 기억에 남을 선물 * 핑크향기 꽃바구니

어버이날이나 스승의 날에는 고마움을 전하기 위해 카네이션을 선물한다. 그렇기 때문에 카네이션은 격식을 차린 듯한 다소 무거운 느낌의 꽃이라는 편견이 있다. 흔한 카네이션에 식상해졌다면 다양한 꽃을 담아 '감사'라는 이름을 붙여보자. 장미가 메인이 되고 수국과 유스커스 등으로 주변을 장식한다. 핑크빛으로 물든 꽃바구니가 사랑스럽고 주황색 장미가 경쾌함에 힘을 실어줘 부담 없이 주고받을 수 있는 선물이 된다. 여러 가지 꽃들을 한데 꽂았지만 제각각의 컬러를 잃지 않고 조화롭게 어울리도록 한다.

>> 준비하기

진보라 덴파레 1단, 인디언핑크 맨드라미 1단, 송이가 작은 연분홍색 수국 1단, 장미(연분홍색, 연노란색, 연보라색, 주황색, 빨간색) 1단, 유스커스 2단, 측백 1단, 리시안셔스 1단, 잎모란 1개, 바구니, 오아시스, 그린색 한지, 유포지, 꽃가위, 리본(보라색, 초록색), 신문지 또는 큰 종이

>> 만들기

1 오아시스를 물에 담가놓는다. 이때 자연스럽게 담가야지 억지로 누르거나 수돗물을 오아시스 위에 뿌리지 않는다.

2 바구니에 한지와 유포지를 잘 겹쳐놓는다. 수분이 밖으로 나가는 것을 방지하고 오아시스가 보이지 않도록 하기 위함이다.

3 물먹은 오아시스를 바구니 안에 넣고 앞과 뒤를 정한다.

4 측백을 잘라 사방으로 꽂는다. 이때 너무 많이 꽂지 않도록 주의한다.

5 바구니 오른쪽으로 수국을 반 정도 잘라 꽂고 바구니 왼쪽 뒤로 수국을 반보다 작게 꽂는다.

6 가운데 무게감을 맞추기 위해 잎을 정리한 잎모란을 꽂는다.

7 왼쪽 앞에 연노란색 장미를 꽂는다. 왼쪽에 한두 송이를 꽂고 오른쪽 수국과 모란 사이에 한 송이를 꽂는다. 이때 같은 색끼

4

리 모아서 꽂는 것을 '그루핑'이라고 하는데 그루핑만 잘해도 정돈이 잘된 훌륭한 꽃바구니가 된다.

8 오른쪽에 연보라색 장미 두 송이를 꽂고 가운데 왼쪽 앞에 한 송이를 꽂는다.

9 가운데 앞쪽 수국과 잎모란 사이에 연분홍색 장미 두 송이를 꽂고 왼쪽에 한 송이를 꽂는다. 같은 꽃이라도 높낮이를 달리 하면 더욱 생동감 있어 보인다.

10 사이사이에 측백과 유스커스를 꽂는다.

11 가운데 연노란색 장미 근처에 포인트로 주황색 장미 한 송이를 꽂는다.

12 앞쪽에도 포인트로 빨간색 장미 두세 송이를 꽂는데, 포인트를 주는 꽃이므로 절대로 많이 꽂지 않는다.

13 사이사이에 리시안셔스를 꽂아야 하는데 진보라색은 깊이감을 주기 위해서 조금 아래쪽에 꽂는다. 이때 리시안셔스 몽우리를 높게 꽂으면 바구니가 훨씬 센스 있게 보인다.

14 오른쪽 앞에 맨드라미 두세 송이를 꽂고 왼쪽으로 덴파레를 꽂는다.

15 바구니에 보라색과 초록색 리본을 단다.

DIY Point

- 오아시스는 짙은 초록색 스펀지처럼 생겼다. 오아시스를 사용할 때는 꽃을 꽂기 전에 세숫대야에 물을 가득 담은 상태에서 시간을 충분히 두고 물을 흡수시킨다. 오아시스를 물에 억지로 밀어 넣으면 속까지 물이 흡수되지 않아 꽃이 빨리 시드는 원인이 된다.
- 꽃바구니를 만들 때 장미처럼 중심이 되는 꽃은 높게 꽂고 맨드라미처럼 베이스가 되는 꽃은 밑에서 잡아주어야 한다. 바구니에 꽃을 꽂을 때는 깊이와 질감, 그리고 포인트색을 살려서 꽂는다.
- 꽃의 싱그러움을 오랫동안 간직하려면 꽃줄기를 자를 때 물 속에 담근 상태에서 대각선으로 자른다. 장미처럼 줄기가 두꺼운 꽃은 자른 줄기의 면을 칼등으로 긁어주면 물을 잘 흡수한다. 카네이션처럼 마디가 있는 꽃은 마디를 자르면 물을 흡수하지 못하므로 마디와 마디 중간을 자른다. 목을 떨구며 시들려고 할 때는 꽃송이 아래 줄기를 핀으로 한 번 찔러주면 물올림이 훨씬 좋아져 수명이 길어진다.

여기서 구입해요

양재동 화훼공판장은 국내 최대 규모의 꽃시장으로 생화는 물론 분화, 묘목, 꽃다발, 정원용품에 이르기까지 꽃 관련 상품이 모여 있다. 양재동 화훼단지까지 가지 않아도 웬만한 꽃은 서울 강남 고속터미널 3층 경부선 내에 있는 꽃시장에서 살 수 있다. 새벽 1시부터 오후 1시까지만 문을 연다. 일요일을 마감하는 토요일 오전 11시경이 꽃을 가장 싸게 살 수 있는 시간이다. 만약 오후에 갔다면 고속터미널 지하상가를 이용해보자. 고속터미널 3층보다는 약간 비싸지만 일반 꽃가게보다는 저렴하게 구입할 수 있다. 남대문 중앙에 있는 대도꽃시장은 우리나라 최초의 꽃시장으로 생화, 분화를 비롯한 화분, 포장 부재료가 3층에 모여 있어 천천히 여유 있게 돌아볼 수 있다. 오후 3시에 문을 닫는다.

깔끔하고 세련된 * 오리엔탈풍 거울과 명함케이스

직접 만든 거울과 명함케이스는 정성이 담겨 있으면서도 부담이 없어 특별한 날에 주는 선생님 선물로 눈길을 끌 만하다. 거울과 명함케이는 휴대하고 있는 이를 깔끔하고 세련된 이미지로 연출한다. 특히 사랑스러운 모양의 하트 거울은 여선생님에게 인기 있는 아이템. 받는 이가 부담스러워하지 않으면서도 주는 이의 정성과 센스가 녹아 있어 따뜻하면서도 특별한 선물이 된다. 화려한 색감과 간결한 디자인에 특별한 의미를 담아 전달해보자.

>> 준비하기

비단, 거울과 명함케이스 반제품, 양면테이프, 본드, 가위

>> 만들기

1 원단을 동판 모양에 맞춰서 재단한다. 올이 많이 풀리는 것을 감안해서 시접은 2cm 이상 넉넉하게 둔다.

2 폭이 넓은 양면테이프로 동판 전체를 감싼다.

3 그 위에 원단을 붙인다. 동판이 타원이나 하트 모양일 경우에는 뒤집어서 가위밥을 넣는다. 가위밥은 1~1.5cm 간격으로 두되 동판에서 0.1~0.2cm 정도 떨어진 위치까지 오게 한다.

4 원단이 동판과 떨어진 부분이 없는지 꼼꼼하게 확인하고 본드로 동판을 반제품에 붙인다. 본드가 너무 많이 묻으면 넘쳐나고 너무 적으면 원단과 동판이 떨어질 수 있으므로 주의한다. 본드가 넘칠 경우 재빨리 젖은 거즈로 살짝 닦아낸다.

DIY Point

- 거울과 명함케이스는 반제품만 다를 뿐 만드는 법이 같다.
- 비단은 고급스러운 원단이므로 조심해서 다룬다. 특히 비단에 본드가 붙으면 지워지지 않으므로 손에 본드가 묻어 있는 상태에서는 만지지 않는다.
- 양면테이프 대신 3M 스프레이를 사용해도 되는데 3M을 뿌리면 바닥에 끈끈한 액이 붙어 좀처럼 떨어지지 않으므로 바닥에 신문지를 넓게 깔아놓은 상태에서 뿌린다.

여기서 구입해요

비단은 동대문 종합시장 2층에서 구입할 수 있다. 묘규방www.myokyubang.com, 우리규방www.woorikyubang.com에서는 원단을 1/4마씩 판매하므로 필요한 수량만큼 구매하면 된다. 거울과 명함케이스 반제품은 남대문 지하상가나 동대문 종합시장 5층에서 판매하고 있으며, 한지공방두리www.doorihanji.co.kr, 한지마당www.hanjimadang.co.kr과 같은 온라인 쇼핑몰에서도 판매한다.

자연의 재료로 만들어 순도 100퍼센트의 ✻ 천연 프랑킨센스크림

천연화장품은 스킨, 로션을 비롯해 색조화장품, 목욕용품에 이르기까지 그 쓰임이 다양하다. 기능성 화장품으로서도 그 기능을 톡톡히 해내고 있는데, 여드름이나 아토피, 기미, 습진, 피부 트러블 등을 자연스럽게 치유한다. 예수님이 탄생했을 때 동방박사들이 바쳤던 3가지 귀한 선물 중 하나로 알려진 프랑킨센스로 크림을 만들어보자. 프랑킨센스는 피부질환이나 염증 치료에 많이 쓰인 역사 깊은 오일로 깊은 주름까지 완화해준다.

>> 준비하기

오일(로즈힙씨드 오일 20g, 아보카도 오일 20g, 윗점 오일 10g, 스위트아몬드 오일 10g, 몬다노브 왁스68(유화제) 10g, 비타민E 1g), 워터(로즈워터 또는 증류수 140g), 첨가물(프랑킨센스 아로마 에센셜오일 2ml), 내열용기, 스푼, 미니블렌더, 알코올

>> 만들기

1 오일을 내열용기에 담아 70~75도로 가열한다.
2 로즈워터나 증류수를 내열용기에 담아 70~75도로 가열한다.
3 스푼으로 저으면서 2번을 1번에 부어 5분 정도 더 젓는다.
4 화장품용 미니블렌더를 이용하여 3번을 10~15분 정도 더 섞는다. 손으로 저을 경우 약 30분 정도 저으면 된다.
5 프랑킨센스 아로마 에센셜오일을 첨가한 뒤 잘 섞는다.
6 알코올로 용기를 소독한 다음 5번을 용기에 잘 담는다.

DIY Point

- 화장품을 만드는 전용도구를 마련하는 대신 부엌에서 전문도구를 대신할 수 있는 가정용품을 찾아보자. 밀폐용기는 크림을 만들 때 블렌더 대용으로 활용할 수 있다. 국자는 립글로스나 립스틱처럼 소량의 화장품을 만들 때 내열용기 대신 사용하면 좋다. 도자기 머그잔 역시 내열용기로 충분한 역할을 한다.

여기서 구입해요

온라인 쇼핑몰 로얄네이쳐www.royal-nature.com, 마블솝www.marblesoap.co.kr, 솝아트피아www.soapartpia.com 사이트에서 키트제품을 준비해놓고 있다. 천연 프랑킨센스크림 완제품은 로얄네이쳐에서 구입 가능하다.

단아하면서도 은근한 고급스러움 ✻ 매듭 장식 휴대폰케이스

전통 방법을 그대로 살려서 만들었기에 연배 있는 선생님이나 부모님에게 고마운 마음을 표현하기에 알맞다. 휴대폰은 누구나 가지고 다니는 만큼 휴대폰케이스는 실용적일 뿐만 아니라 하루에도 여러 번 접하게 되므로 꺼낼 때마다 만든 이의 정성을 한 번 더 곱씹어보게 된다. 고급스러운 컬러의 비단과 색색의 매듭이 만나 색다른 느낌으로 거듭난다. 정성껏 포장한 다음 짤막한 감사카드까지 곁들이면 선물의 의미가 한층 더 향기로워진다.

>> 준비하기

비단 1/4마, 실, 바늘, 송곳, 똑딱단추 또는 매듭, 가위

>> 만들기

1 겉감과 안감을 각각 가로와 세로의 비율이 1대 2가 되도록 재단한다. 보통은 13cm×26cm 크기로 만드는데, 사방 시접을 1cm씩 둔다.

2 겉감과 안감을 겉끼리 맞대고 가장자리를 홈질한다. 이때 창구멍을 5cm 정도 남긴다.

3 창구멍으로 뒤집고 나서 다림질한 다음, 공그르기로 창구멍을 막는다.

4 원단을 접어가면서 떨어져 있는 부분을 공그르기로 막아주면 된다. 네모반듯한 상태에서 아랫부분 양쪽을 가운데를 향해 접는다.

5 ⓐ와 ⓑ를 공그르기한다.

6 접혀진 부분의 오른쪽 끝을 중심으로 하여 왼쪽으로 접고 ⓒ를 공그르기한다.

7 접은 상태에서 뒤집은 다음 왼쪽으로 45도 정도 돌려 똑바로 세운다.

8 오른쪽 가운데 튀어나온 부분을 앞쪽으로 접어서 일직선이 되

4

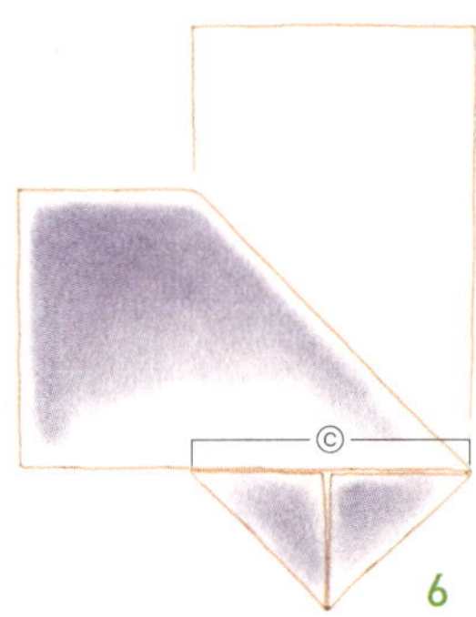

6

게 한다.

9 ⓓ를 공그르기한다.

10 8번의 삼각형 중앙과 일직선이 되는 왼쪽에 송곳으로 구멍을 뚫는다.

11 구멍을 뚫은 곳에 매듭을 단다.

12 매듭을 단 부분을 중심으로 앞쪽으로 접는다.

13 똑딱단추를 달거나 매듭으로 장식한다.

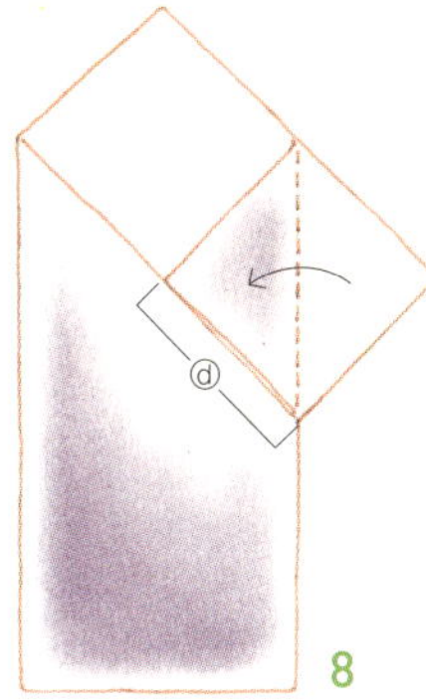

8

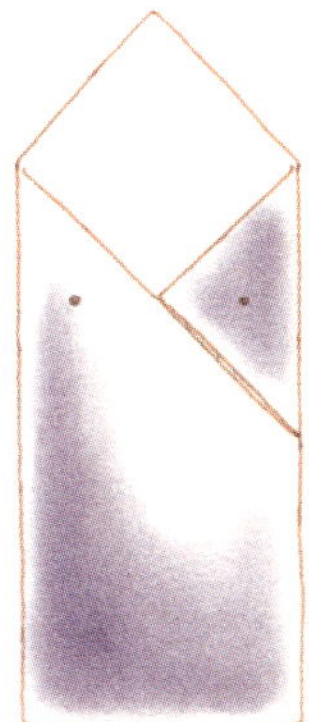

10

DIY Point

- 공그르기를 할 때는 촘촘하게 꿰매야 원단이 울거나 벌어지지 않는다.
- 매듭은 2번 이상 감아 튼튼하게 고정시킨다.
- 비단은 심플한 것보다 화려해 보이는 원단으로 만들어야 예쁘다.
- 선물 받는 이의 이니셜을 수놓으면 선물의 의미가 한층 깊어질 것이다.

여기서 구입해요

원단은 동대문 종합시장 2층에서 구입할 수 있다. 동대문역 9번 출구. 오전 8시부터 오후 6시까지. 일요일 휴무. 온라인 쇼핑몰을 이용해도 되는데 규방공예 사이트에서 판매하고 있다. 묘규방www.myokyubang.com, 우리규방www.woorikyubang.com. 이곳에서는 원단과 매듭을 판다. 원단은 1/4마씩 판매하므로 필요한 수량만큼 구매하면 된다.

선생님이나 부모님께 규방공예를 선물하고 싶은데 자신이 없다면 손으로 직접 만든 매듭 장식 휴대폰케이스를 사서 선물하자.

더 화려하고 더 여성스럽게 * 멋쟁이 롱스카프

스카프는 평범한 재킷이나 카디건 위에 살짝 두르기만 해도 패셔너블하게 변신이 가능할 뿐만 아니라 때로는 화려하게, 때로는 우아하게 연출하여 멋쟁이들에게 사랑받는 아이템이다. 용도가 다양해서 목에 두르면 보온과 액세서리 기능을 하고 머리에 두르면 모자 대용으로, 그리고 벨트 대신 사용해 '벨카프'라는 이름으로 불리기도 한다. 대신 선물 받는 이와 어울리는 색상을 만들어 선물하는 센스가 필요하다.

>> 준비하기

아사면 또는 40수 이상의 부드럽고 얇은 면 2마, 메탈비즈, 가위, 실, 바늘

>> 만들기

1 원단을 170cm×15cm 크기로 2장 재단한 다음 겉과 겉을 마주대고 창구멍을 5cm 정도 남기고 박음질한다.
2 창구멍으로 뒤집는다.
3 모서리의 각이 예쁘게 나오도록 잡아주고 창구멍을 공그르기로 마무리한다.
4 스카프 끝자락을 0.5cm 안으로 한 번 더 박음질한다.
5 스카프 끝자락을 메탈비즈로 장식한다.

DIY Point

- 메탈비즈도 예쁘지만 레이스나 스팽글 등을 달면 더 화려한 스타일을 연출할 수 있다.

여기서 구입해요

원단 구입은 동대문 종합시장이나 온라인 쇼핑몰을 이용한다. 동대문역 9번 출구. 오전 8시부터 오후 6시까지. 일요일 휴무. ebul www.ebul.co.kr, MODERN1000 www.modern1000.com, 싸다천 www.ssada1000.com, 하이천닷컴 www.hicheon.com, 천바다 www.1000bada.com.

완제품을 구입하고 싶다면 도로시샵 www.dorocshop.com에 들러보자. 깜찍 발랄한 양면토트백을 포함하여 아기자기한 가방과 파우치, 두건, 스카프 등을 만들어 판매하고 있다. 차앤박콜렉션 www.ossasio.com에서는 화려하게 염색한 스카프와 옷, 가방 등을 판매하고 있으며 마블리쉬 www.marvelish.com에서도 다양한 핸드메이드 스카프를 취급한다.

선물을 한층 더 빛나게 만드는 나만의 포장법

아기자기한 딸기잼 포장

음식물이나 차, 잼 등은 보통 유리병에 담아 선물한다. 유리병을 포장하려니 자신이 없고 그냥 선물하자니 쑥스러울 때 간단한 손놀림으로 깜찍하게 변신할 수 있는 포장 방법을 소개한다.

>>준비하기

포장지, 양면테이프, 도일리, 리본테이프, 가위, 동그란 모양 장식

>>만들기

1 포장지를 재단하고 포장지 오른쪽 끝을 1cm 안으로 접어 양면테이프를 붙여놓는다.
2 포장지를 딸기잼 병에 두른 다음 양면테이프로 고정시킨다.
3 딸기잼 병 바닥 부분은 중심을 향해 균일하게 주름을 잡아 접는다.
4 뚜껑에 도일리를 씌워 접은 다음 나비 리본을 묶는다. 리본끝을 돌돌 말아 붙이거나 동그란 모양의 장식을 붙인다.

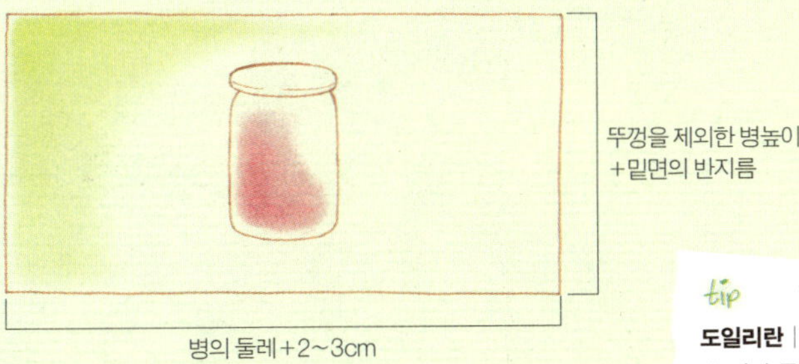

tip

도일리란 | 레이스가 예쁜 미니 종이 냅킨을 일컫는 외래어로 제과제빵을 만들 때나 선물포장할 때 많이 쓰인다. 제과제빵 재료 파는 곳에 가면 구입할 수 있다.

SAFETY SERVICE
BEAR

빨간 지퍼로 포인트 준 목도리 포장

지퍼는 옷이나 홈패션에만 쓰이는 물건이 아니다. 예쁜 컬러의 지퍼를 포장지에 붙이면 깜찍하고 재치 있는 선물로 거듭나게 된다. 목도리나 스카프처럼 납작한 모양의 선물에 활용해보자.

>>준비하기

포장지, 지퍼, 스테이플러, 양면테이프, 곰돌이 모양 장식, 가위

>>만들기

1 포장지를 잘라 가로 중심을 표시해 둔다.

2 중심 부분에 지퍼를 놓고 지퍼와 포장지 끝단을 양면테이프로 붙인다.

3 아래 부분을 돌돌 말아 스테이플러로 고정시킨다.

4 윗부분으로 선물을 넣고 또다시 돌돌 말아 스테이플러로 고정시킨다.

5 지퍼에 곰돌이 모양 장식을 달아준다.

tip

동대문 종합시장에 가면 다양한 색상의 지퍼를 구입할 수 있다.

Plus Page

솜씨가 2% 부족할 때! 사서 주는 베스트 선물 아이템

부모님이나 선생님 선물은 당연히 신경 쓰이기 마련이다. 그냥 사려고 보면 대부분이 너무 비싸서 부담이 되기 때문. 그러나 어머니께 안겨드리는 꽃다발이 의외로 감동을 줄 수 있음을 기억하자. 선생님 선물 역시 조금만 신경을 쓰면 나이와 성별에 따라 다양하게 선택할 수 있다.

스윗스윗몰 www.sweetsweetmall.co.kr

명품 브랜드의 패션 잡화

안나수이, 버버리, 폴 스미스, 루루기네스, 셀린느 등의 명품 브랜드의 패션 잡화를 직수입하여 판매하는 전문 쇼핑몰. 일본, 인도, 스페인 등에서 만들어 판매하고 있는 반다나, 손수건, 핸드타월, 핸드폰줄, 우산 등을 취급한다. 컬러와 이미지가 있는 텍스타일 제품이라는 점이 매력적이다.

라마라마 www.ramarama.co.kr

향기로 전하는 감사의 마음

감사의 마음을 전할 때 선물 대신 향기로운 꽃바구니를 한아름 안겨드리면 어떨까? 라마라마는 평범한 꽃다발이나 부담스러운 꽃바구니가 아니라 다른 매장에서는 결코 만나볼 수 없는 새로운 스타일의 꽃 모음을 선보인다. 단순히 꽃뿐만이 아니라 양갱, 비타민 등이 함께 어우러져 있어 보내는 이의 정성을 더욱 돋보이게 해준다. 한 번 선물했거나 선물받았다면 또 다시 찾게 되는 곳. 팔랑거리는 나비가 사랑의 메신저가 되어 여기저기 사랑을 전하라는 뜻의 '라마라마'처럼 꽃으로 온 세상에 사랑을 전할 것만 같다.

천사사랑 www.1004sarang.net

부모님 건강 챙기기 프로젝트

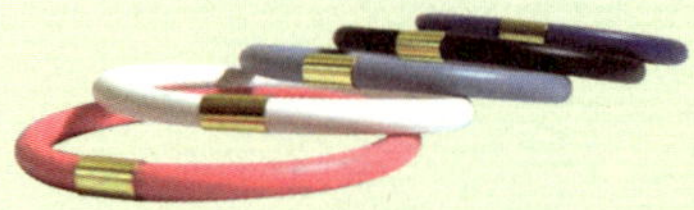

특별한 감동을 주는 선물을 찾을 수 있는 종합 쇼핑몰. 특히 부모님의 건강을 생각한다면 한 번 들를 만하다. 각종 통증과 결림을 완화하는 건강스포츠링, 건강한 발을 만드는 족탕기, 사용이 간편한 디지털만보계, 잔주름이나 잡티 제거에 효과적인 음이온경락마사지 등 효자, 효녀로 불릴 법한 건강상품을 소개하고 있다.

1300K www.1300k.com

직접 만든 것처럼 정성 담긴 선물

대학로, 홍대 앞, 코엑스몰, 강남역, 압구정동 등 오프라인 매장과 온라인 매장을 함께 보유하고 있는 디자인 쇼핑몰. 여선생님이 좋아할 만한 선물 아이템들이 가득하다. 핸드메이드 작품이 많아서 기성품보다 정성이 느껴진다는 점이 장점.

핑거로즈 www.fingerose.com

부모님께 선물하는 웰빙

키우는 재미와 먹는 즐거움이 있는 쇼핑몰. 식물을 좋아하거나 건강을 생각하는 부모님께 선물하면 좋을 듯. 농약 걱정 없이 신선한 채소를 먹을 수 있는 새싹재배기, 베란다나 창가에 채소정원을 만들 수 있는 그린멀티팟 세트를 추천한다. 이외에도 미니누드 화분이나 토피어리 제품 등을 살 수 있다.

도움을 주신 분들

컨츄리크래프트 정지현 실장 www.countrycraft.co.kr

아메리칸 컨트리풍의 생활 공예숍. 퀼트와 스텐실 기법으로 생활 공예품을 만들어 판매하고 수강생에게 수업도 한다. 전국에서 몰려와 수강받을 정도로 입소문이 자자한 곳. 컨트리풍의 인형과 소품이 가득하다.

로얄네이처 www.royal-nature.com

한국능률협회 사회교육원에서 지정한 천연비누제조사 공식 교육기관. 천연비누와 화장품을 판매하는 토털 쇼핑몰로서, 천연비누와 화장품 만들기에 관한 모든 재료와 정보를 제공한다. 재료를 구입한 뒤 사이트에서 제공하는 동영상 강좌를 보면서 만들 수 있다는 게 장점이다.

데이데코 www.daydeco.com

패브릭 관련 인테리어 소품 토털 쇼핑몰. 주인장의 센스와 감각적인 솜씨가 돋보일 뿐만 아니라 넉넉한 인심과 세심한 배려에 자꾸 찾게 되는 곳. 침구와 패브릭 소품이 다양하고 끊임없이 새 제품이 업데이트 된다. 그 중에서도 커튼이 예쁘고 사랑스럽다.

펠트하우스 www.feltdesign.co.kr

보송보송한 펠트로 만든 제품이 가득한 곳. 목도리, 모자, 가방, 소품 등 양모펠트로 만든 로맨틱한 제품들을 판매한다. 더불어 펠트에 관한 모든 재료와 DIY 패키지를 함께 판매하고 있다. 국내 최대의 펠트 도매업체인 펠트하우스에 가면 즐거운 취미생활이 기다리고 있다.

캔디노트 www.candynote.com

가방, 지갑, 파우치를 솜씨 있게 디자인하여 바느질한 핸드메이드 온라인숍. 작품 하나하나에 소박하면서도 따뜻함이 묻어 있어 누구에게나 잘 어울린다. 홍대 앞 예술시장 프리마켓에 가면 직접 작품을 만나볼 수 있다.

도로시샵 www.dorocshop.com

깜찍한 스타일의 가방, 필통, 두건, 스카프, 파우치 등을 판매하는 곳. 산뜻하고 예쁜 원단으로 만들어 아이템이 모두 예쁘고 어떤 스타일에도 무난하게 잘 어울린다는 점이 장점. 홍대 앞 예술시장 프리마켓, 희망시장, 명동 아바타 도로시샵에 가면 작품을 직접 만나볼 수 있다.

윤여원 blog.naver.com/upper1007

'여원's 해피홈'은 이미 인테리어와 리폼으로 유명세를 타고 있는 블로그. 바로 그 블로그의 주인장이다. 아마추어답지 않은 감각으로 뚝딱뚝딱 물건을 고치고 못난 물건을 예쁘게 만들어 동화 속 같은 집에서 살고 있다.

꽃과 구슬로 꾸미는 집 cafe.daum.net/cuterooms

예쁜 비즈발을 만드는 곳. 장미꽃잎, 나비 장식, 깃털 등 다양한 재료로 예쁜 비즈발을 무궁무진하게 만들어낸다. 비즈발 외에도 주인장의 감각과 센스가 돋보이는 꽃볼, 꽃등 등은 덤으로 눈을 즐겁게 한다.

주재선

플로리스트이자 테이블스타일리스트. 아름답고 즐거운 테이블을 꾸미기 위해 섬세한 감각으로 꽃을 만들고 테이블을 연출한다.

김수진

리본 아트를 사랑하여 리본으로 이것저것 예쁘게 만들어서 가까운 이들에게 선물하는 것을 마냥 행복하게 여긴다. 그야말로 사랑을 전하는 선물을 직접 만들어 여기저기 행복바이러스를 흩뿌리고 있다.

공책 www.o-check.co.kr

디자인 감각이 남다른 곳. 요즘 한창 유행 아이템인 노트와 스탬프 등을 판매한다. 멋진 감각과 재치를 어느 누구도 따라할 수 없을 듯. 홈페이지에 가면 그 감각과 재치가 절정에 달함을 확인할 수 있다.

송윤경 cafe.daum.net/yonseiwrap

선물에 마법을 걸어 평범한 선물을 감동적이고 특별하게 만들어준다. 포장만 봐도 가슴 떨리는 기대를 품게 하여 선물한 이의 사랑과 정성을 더욱 돋보이게 해준다. 현재 연세대 사회교육원 선물포장 코디네이터 과정 책임강사. 랩핑앤데코 대표.

Thanks to

진행 | 김효진
촬영 | 김덕창(Studio Da)
스타일리스트 | 민송이, 민들레
스타일 어시스턴트 | 서혜미
일러스트 | 김시연
선물포장 코디네이터 | 송윤경
제품 협찬 | 마리컨트리 www.maricountry.com
바닐라 홈 www.vanillahome.co.kr
시크릿 가든 앤코 www.sgnco.co.kr